Vorwort

Partys feiern wir alle gern. Und Gelegenheiten dafür gibt es ja immer wieder. Wieso dann nicht auch mal mit einem Partybuffet ganz ohne Fleisch, aber trotzdem garaniert ohne langweilige Gerichte?

Wir haben für Sie raffinierte und phantasievolle Rezepte ausprobiert, die einfach gelingen und bei denen das Fleisch bestimmt niemand vermissen wird.

Begeistern Sie Ihre Familie, Freunde und Bekannten mit witzigen Snacks, leckeren Suppen, knackigen Salaten, herzhaften Ofengerichten, Köstlichkeiten aus Topf und Pfanne, schnellen Rezepten und raffinierten Desserts.

Den Erfolg der Party werden Sie an den leeren Schüsseln und Tellern erkennen – und daran, dass man Sie nach den Rezepten fragen wird.

Abkürzungen

EL	= Esslöffel
TL	= Teelöffel
Msp.	= Messerspitze
Pck.	= Packung/Päckchen
g	= Gramm
kg	= Kilogramm
ml	= Milliliter
l	= Liter
evtl.	= eventuell
geh.	= gehäuft
gestr.	= gestrichen
TK	= Tiefkühlprodukt
°C	= Grad Celsius
Ø	= Durchmesser
E	= Eiweiß
F	= Fett
Kh	= Kohlenhydrate
kcal	= Kilokalorien
kJ	= Kilojoule

Hinweise zu den Rezepten

Die Rezepte sind, wenn nicht anders vermerkt, für 12 Personen.
Lesen Sie bitte vor der Zubereitung – besser noch vor dem Einkaufen – das Rezept einmal vollständig durch. Oft werden Arbeitsabläufe oder -zusammenhänge dann klarer.
Die in den Rezepten angegebenen Backtemperaturen und -zeiten sind Richtwerte, die je nach individueller Hitzeleistung des Backofens über- oder unterschritten werden können. Bitte beachten Sie deshalb bei der Einstellung des Backofens die Gebrauchsanweisung des Herstellers.

Zubereitungszeiten

Die Zubereitungszeit ist ein Anhaltswert für die Zeit für Vorbereitung und die eigentliche Zubereitung (inklusive Koch- und Backzeiten). Längere Wartezeiten wie z. B. Kühl-, Einweich- oder Marinierzeiten sind nicht mit einbezogen.

Kapitelübersicht

Kapitelübersicht

Hier kommen die kleinen, feinen Leckerbissen, die Appetit auf mehr machen.

Häppchen & Snacks

Mozzarellaspiesse

12 Spieße
Zubereitungszeit: 50 Min.

Pro Stück:
E: 14 g, F: 31 g, Kh: 2 g, kJ: 1399, kcal: 335

- **je 1 gelbe und rote Paprikaschote**
- **36–48 kleine Mozzarella-Kugeln**
- **24 grüne, mit Mandeln gefüllte Jumbo-Oliven**

- **12 dünne Holzspieße**

Zum Bestreuen und Beträufeln:
- **1 Bund Basilikum**
- **1 Bund Thymian**
- **frisch gemahlener Pfeffer**
- **150 ml Olivenöl**

1 Paprikaschoten halbieren, entstielen, entkernen, die weißen Scheidewände entfernen, Schoten waschen und jeweils in 12 mundgerechte Stücke schneiden.

2 Mozzarella-Kugeln, Oliven und Paprikastücke in bunter Reihenfolge auf 12 Holzspieße aufstecken. Auf jedem Spieß sollten 3–4 Mozzarella-Kugeln, 2 Oliven und 2 Paprikastückchen sein.

3 Kräuter abspülen, trockentupfen und die Blättchen von den Stängeln zupfen. Spieße in eine flache Schale legen, mit Pfeffer, Basilikum- und Thymianblättchen bestreuen und mit Olivenöl beträufeln.

Tipp:
Anstelle von Paprikastücken können auch Zucchinischeiben verwendet werden.

Spinat- und Weizen-Wraps

24 Stück
Zubereitungszeit: 70 Min.

Pro Stück:
E: 4 g, F: 15 g, Kh: 26 g,
kJ: 1106, kcal: 264

Für die Curryfüllung:
- **1 Lollo bionda**
- **1 kleines Bund Koriander**
- **200 g Mayonnaise**
- **50 g Mango-Chutney**
- **1 gestr. TL Currypulver**
- **Salz**
- **frisch gemahlener Pfeffer**
- **1 Dose Ananasscheiben oder -stücke (Abtropfgewicht etwa 500 g)**
- **1 Glas Sojabohnenkeimlinge (Einwaage 400 g)**

- **12 Spinat-Wraps (500 g, Ø 18 cm)**

Für die Paprikafüllung:
- **1 Lollo bionda**
- **1 Bund glatte Petersilie**
- **je 1 rote, grüne und gelbe Paprikaschote (etwa 600 g)**
- **1 große Zwiebel**
- **200 g Mayonnaise**
- **8 EL süße Chilisauce**

- **12 Weizenmehl-Wraps (560 g, Ø 24 cm)**

1 Für die Curryfüllung Salat und Koriander putzen, abspülen und gut abtropfen lassen. Gegebenenfalls mit Küchenpapier trockentupfen.

2 Mayonnaise mit Mango-Chutney und Currypulver verrühren und mit Salz und Pfeffer würzen.

3 Ananas und Sojabohnenkeimlinge auf einem Sieb abtropfen lassen, Ananasscheiben achteln.

4 Spinat-Wraps nacheinander mit je einem Salatblatt, etwas Curry-Mayonnaise, Ananas, Sojabohnenkeimlingen und Korianderblättern belegen und aufrollen.

5 Für die Paprikafüllung Salat und Petersilie putzen, abspülen und trockentupfen. Paprikaschoten halbieren, entstielen, entkernen, weiße Scheidewände entfernen und Schoten waschen. Zwiebel abziehen. Paprika und Zwiebel in dünne Streifen schneiden.

6 Mayonnaise mit Chilisauce verrühren und mit Pfeffer würzen.

7 Weizen-Wraps nacheinander mit je einem Salatblatt, etwas Chilimayonnaise, Paprika- und Zwiebelstreifen und Petersilie belegen und aufrollen oder in Tütenform einschlagen.

Tipp:
Die gefüllten Wraps können im Ganzen oder in diagonale Stücke geschnitten als Fingerfood gereicht werden.

Herzhafte Reisberge

etwa 50 Stück
Zubereitungszeit: 60 Min., ohne Abkühlzeit

Pro Stück:
E: 1 g, F: 1 g, Kh: 5 g, kJ: 135, kcal: 32

- **600 ml Gemüsebrühe**
- **250 g Langkornreis**

Für die gelben Reishaufen:

- **1 gelbe Paprikaschote (etwa 160 g)**
- **1 gestr. TL Kurkuma (Gelbwurz)**
- **½ gestr. TL Cumin (Kreuzkümmel)**
- **1 TL flüssiger Honig**
- **Salz**
- **frisch gemahlener Pfeffer**
- **2 Eier (Größe M)**

Für die grünen Reishaufen:

- **1 grüne Paprikaschote (etwa 160 g)**
- **2 EL gehackte TK-Kräuter der Provence**
- **Salz, Pfeffer**
- **2 Eier (Größe M)**

Nach Belieben zum Garnieren:

- **etwa 20 Oliven**
- **etwa 20 Ananasstückchen**
- **etwa 40 Holzspießchen**
- **einige Gurkenscheiben**

1 Gemüsebrühe zum Kochen bringen, Reis einstreuen und zugedeckt etwa 20 Minuten bei schwacher Hitze köcheln lassen. Reis zum Abtropfen auf ein Sieb geben, aber nicht abschrecken und etwas abkühlen lassen.

2 Für die gelben Reisberge Paprikaschote halbieren, entstielen, entkernen, die weißen Scheidewände entfernen, Schote waschen und fein würfeln.

3 Reis gleichmäßig in zwei Schüsseln verteilen und in eine Schüssel die gelben Paprikawürfel sowie restliche Zutaten für die gelben Reisberge geben und mit dem Reis vermischen.

4 Für die grünen Reisberge Paprikaschote halbieren, entstielen, entkernen, die weißen Scheidewände entfernen, Schoten waschen und fein würfeln. Paprikawürfel in die andere Schüssel geben, restliche Zutaten für die grünen Reisberge dazugeben und mit dem Reis vermischen.

5 Mit 2 Esslöffeln kleine runde Reisberge dicht auf ein gefettetes Backblech setzen und das Backblech in den Backofen schieben.

Ober-/Unterhitze:
etwa 220 °C (vorgeheizt)
Heißluft: etwa 200 °C (vorgeheizt)
Gas: Stufe 4–5 (vorgeheizt)
Backzeit: etwa 15 Min.

6 Reisberge nach dem Backen auf einem Kuchenrost erkalten lassen. Nach Belieben Oliven und Ananas auf Holzspießchen spießen, in die Reisberge stecken und auf Gurkenscheiben anrichten.

GUT VORZUBEREITEN

Gemüse-Sesam-Kräcker

Zubereitungszeit: 50 Min.

Insgesamt:
E: 94 g, F: 177 g, Kh: 167 g,
kJ: 11403, kcal: 2720

- **1 kg Knollensellerie oder Kohlrabi**
- **1 l Gemüsebrühe**
- **2 Eier (Größe M)**
- **Salz**
- **frisch gemahlener Pfeffer**
- **250 g Sesamsamen**

- **1 Pck. runde Salzkräcker**

Zum Bestreichen:

- **etwas Sahnemeerrettich**

Zum Garnieren:

- **einige kleine Gewürzgurken**

1 Sellerie oder Kohlrabi putzen, schälen, waschen und in ½–1 cm dicke Scheiben schneiden.

2 Gemüsebrühe zum Kochen bringen, Gemüse etwa 3 Minuten darin kochen, auf ein Sieb geben, mit kaltem Wasser abschrecken und etwas abkühlen lassen.

3 Mit einem Ausstecher in Kräckergröße Kreise aus dem Gemüse ausstechen. Eier verquirlen, mit Salz und Pfeffer würzen, die Gemüsescheiben darin wenden und in Sesam wälzen.

4 Sesam-Gemüse auf ein gefettetes Backblech legen und das Backblech in den Backofen schieben.

Ober-/Unterhitze:
etwa 220 °C (vorgeheizt)
Heißluft: etwa 200 °C (vorgeheizt)
Gas: Stufe 4–5 (vorgeheizt)
Backzeit: etwa 15 Min.

5 Salzkräcker dünn mit Sahnemeerrettich bestreichen und das Sesam-Gemüse darauf legen. Gewürzgurken in feine Scheiben schneiden und die Gemüse-Sesam-Kräcker damit garnieren.

Tipp:
Die Gemüse-Sesam-Kräcker schmecken warm und kalt.
Statt mit Sahnemeerrettich können die Salzkräcker auch mit Paprika-Frischkäse bestrichen werden.

Kartoffel-Carpaccio

Foto
Zubereitungzeit: 80 Min.

Pro Portion:
E: 5 g, F: 18 g, Kh: 19 g,
kJ: 1090, kcal: 260

- **1,2 kg fest kochende Kartoffeln**
- **4 Bund Radieschen**
- **24 große Champignons (etwa 600 g)**
- **4 Becher (je 125 g) Kräuter Crème fraîche**
- **Salz**
- **grob gemahlener bunter Pfeffer**
- **2 Bund Schnittlauch**
- **2 Pck. Kresse**
- **6 EL Olivenöl**

1 Kartoffeln gründlich waschen, schälen, abspülen und in dünne Scheiben hobeln oder schneiden. Scheiben in Salzwasser 5–10 Minuten kochen lassen, anschließend gut abtropfen lassen, gegebenenfalls mit Küchenpapier trockentupfen.

2 Radieschen von Wurzeln und Grün befreien und waschen. Champignons putzen, mit Küchenpapier abreiben, nur bei starker Verschmutzung abspülen und trockentupfen. Radieschen und Pilze in dünne Scheiben schneiden.

3 Kräuter Crème fraîche mit Salz und Pfeffer abschmecken, auf einer flachen Platte glatt verstreichen und darauf kranzförmig Kartoffel-, Radieschen- und Champignonscheiben anrichten.

4 Schnittlauch abspülen, trockentupfen und fein schneiden. Kresse abzupfen und abspülen. Kartoffel-, Radieschen- und Champignonscheiben mit Schnittlauchröllchen, Kresseblättchen und Pfeffer bestreuen und zum Schluss mit Olivenöl beträufeln.

Gemüse-Carpaccio

Zubereitungszeit: 50 Min.

Pro Portion:
E: 5 g, F: 14 g, Kh: 15 g,
kJ: 919, kcal: 220

Für das Gemüse:
- **450 g Möhren**
- **100 ml Wasser**
- **etwas Zucker**
- **Salz**
- **450 g Zuckerschoten**
- **1,5 kg grüner Spargel**

Für das Dressing:
- **5–6 Schalotten**
- **1 Bund Frühlingszwiebeln**
- **8–9 Tomaten (etwa 1 kg)**
- **100 ml Balsamico-Essig**
- **Saft von 2 Orangen**
- **Salz**
- **frisch gemahlener Pfeffer**
- **1 TL Lindenblütenhonig**
- **150 ml Traubenkernöl**
- **1 Bund frische Kräuter, z. B. Petersilie, Estragon, Kerbel**

1 Für das Gemüse Möhren putzen, schälen, waschen, mit Wasser, Zucker und Salz etwa 10 Minuten bissfest dünsten und erkalten lassen. Zuckerschoten putzen, waschen, in kochendem Salzwasser 2 Minuten garen, kalt abschrecken und abtropfen lassen. Vom Spargel das untere Drittel abschälen, in Salzwasser 5–10 Minuten garen, kalt abschrecken, abtropfen lassen und evtl. den Spargel in lange Stücke schneiden.

(Fortsetzung Seite 18

2 Für das Dressing Schalotten abziehen und fein würfeln. Frühlingszwiebeln putzen, waschen und in feine Ringe schneiden. Tomaten waschen, kreuzweise einschneiden und kurz in kochendes Wasser legen. Anschließend in kaltem Wasser abschrecken und enthäuten. Stängelansätze entfernen und Tomaten vierteln, entkernen und in Würfel schneiden.

3 Essig mit Orangensaft, Salz, Pfeffer und Honig verrühren. Öl unterschlagen. Schalotten, Frühlingszwiebeln und Tomaten unterrühren. Kräuter abspülen, die Blättchen von den Stängeln zupfen, fein schneiden und zum Dressing geben. Alle Zutaten gut verrühren.

4 Spargel der Länge nach halbieren. Möhren mit dem Sparschäler in dünne Längsstreifen schneiden, mit den Zuckerschoten auf Tellern anrichten und mit dem Dressing beträufeln.

Gemischte Vorspeisenspiesse

24 Stück
Zubereitungszeit: 100 Min.

Pro Stück:
E: 6 g, F: 11 g, Kh: 17 g,
kJ: 859, kcal: 205

- **500 g Cherrytomaten (Kirschtomaten)**
- **600 g kleine Schalotten**
- **5 mittelgroße Zucchini (etwa 750 g)**
- **400 g weicher Ziegenkäse**
- **75 g Butter**
- **nach Belieben 1 EL Schnittlauchröllchen**
- **40 g Butter oder Margarine**
- **2 gestr. EL Zucker**
- **300 ml Rotwein**
- **Salz**
- **frisch gemahlener Pfeffer**
- **3 EL Balsamico-Essig**
- **6 EL Olivenöl**
- **2 Knoblauchzehen**
- **etwas Olivenöl**
- **2 Ciabatta-Brote**
- **24 Holzspieße**

1 Cherrytomaten waschen, trockentupfen, je einen Deckel abschneiden und mit einem Teelöffel oder einem Löffelstiel aushöhlen.

2 Schalotten abziehen, in Salzwasser 5–10 Minuten kochen und anschließend abtropfen lassen.

3 Zucchini waschen, abtrocknen und die Enden abschneiden. Zucchini mit der Aufschnittmaschine oder dem Gemüsehobel in dünne Längsscheiben schneiden. Die Scheiben in Salzwasser knapp eine Minute blanchieren, in kaltem Wasser abschrecken und anschließend abtropfen lassen.

4 Den Ziegenkäse durch ein Sieb drücken, mit der Butter vermischen, nach Belieben Schnittlauchröllchen unterheben und die ausgehöhlten Tomaten damit füllen.

5 In einer Pfanne Butter oder Margarine erhitzen, Schalotten darin anschwitzen, mit Zucker bestreuen und leicht karamellisieren lassen. Rotwein hinzugießen, etwas einkochen und anschließend abkühlen lassen.

6 Zucchinischeiben in eine flache Schüssel legen, salzen, pfeffern und mit Essig und Olivenöl beträufeln.

7 Knoblauch abziehen, fein würfeln, mit Olivenöl mischen, Ciabattascheiben damit bepinseln und in einer beschichteten Pfanne rösten.

8 Aus den Zucchinischeiben Röllchen drehen, mit den Tomaten und Schalotten auf Holzspieße reihen. Geröstetes Brot dazu reichen.

Tipp:
Cherrytomaten sind sehr kleine Tomaten mit einem Durchmesser von etwa 2 cm.

Kartoffelbrötchen

etwa 40 Stück
Zubereitungszeit: 120 Min.

Pro Stück:
E: 3 g, F: 11 g, Kh: 17 g,
kJ: 801, kcal: 191

- **2,4 kg fest kochende Kartoffeln**
- **1 große Zwiebel**
- **240 g Champignons**
- **etwas Speiseöl**
- **5 Eigelb (Größe M)**
- **100 g Speisestärke**
- **Salz**
- **frisch gemahlener Pfeffer**
- **geriebene Muskatnuss**

Zum Bestreuen,
Bestreichen und Wälzen:

- **etwas Speisestärke**
- **5 Eiweiß (Größe M)**
- **300 g Semmelbrösel**

Zum Ausbacken:

- **Frittierfett**

1 Kartoffeln waschen, schälen, abspülen und in kleine Stücke schneiden, in Salzwasser 30–40 Minuten weich kochen und abgießen.

2 In der Zwischenzeit Zwiebel abziehen, Champignons putzen und mit Küchenpapier abreiben. Beide Zutaten in Würfel schneiden und in einer Pfanne mit etwas Öl kurz anbraten.

3 Gegarte Kartoffeln abtropfen lassen, durch eine Presse drücken, mit Eigelb und Stärke vermengen und mit Salz, Pfeffer und mit Muskat würzen. Zwiebel- und Champignonwürfel hinzufügen, gut vermengen, und daraus 35–40 kleine runde oder ovale Brötchen formen. Die Brötchen etwa 60 Minuten kalt stellen.

4 Brötchen mit etwas Stärke bestreuen, mit etwas verschlagenem Eiweiß bestreichen und in Semmelbröseln wälzen.

5 Frittierfett in einem weiten Topf auf 180 °C erhitzen, d. h. bis sich um einen in das Fett gehaltenen Holzlöffelstiel Bläschen bilden. Brötchen portionsweise darin ausbacken.

Tipp:
Kartoffelbrötchen passen gut zu Kartoffel- oder Gemüse-Carpaccio und zu Salaten.

Gratinierte Fleischtomaten

Zubereitungszeit: 90 Min., ohne Auftauzeit

Pro Portion:
E: 11 g, F: 11 g, Kh: 12 g, kJ: 863, kcal: 207

- **15 Fleischtomaten (etwa 2 kg)**

Für die Füllung:

- **800–900 g TK-Blattspinat**
- **2 Zwiebeln**
- **4 Knoblauchzehen**
- **300 g Mozzarella**
- **150 g Kräuterbutter**
- **Salz**
- **frisch gemahlener Pfeffer**
- **100 g Semmelbrösel**
- **2 Bund fein gehackte Petersilie**
- **4 EL Olivenöl**
- **einige Butterflöckchen**

1 Von den Tomaten 12 besonders schöne Tomaten auswählen, waschen, einen Deckel abschneiden und die Tomaten aushöhlen. Restliche Tomaten waschen, abtropfen lassen, kreuzweise einschneiden und kurz in kochendes Wasser legen. Anschließend in kaltem Wasser abschrecken, enthäuten, Stängelansätze entfernen und Fruchtfleisch würfeln.

2 Für die Füllung Spinat nach Packungsanleitung in einer Schüssel auftauen lassen. Zwiebeln und Knoblauch abziehen und fein würfeln. Mozzarella abtropfen lassen und ebenfalls würfeln.

3 Die Hälfte der Kräuterbutter in einer großen Pfanne erhitzen, Zwiebel- und Knoblauchwürfel darin glasig dünsten, aufgetauten und ausgedrückten Spinat hinzufügen, kurz mitdünsten und kräftig mit Salz und Pfeffer würzen. Anschließend Tomaten- und Mozzarellawürfel vorsichtig unterheben.

4 Ausgehöhlte Tomaten innen pfeffern und mit der Spinatmasse füllen. Semmelbrösel mit Petersilie mischen und die gefüllten Tomaten damit bestreuen. Olivenöl darüber träufeln und mit Butterflöckchen belegen.

5 Tomaten zum Gratinieren in eine gefettete Auflaufform setzen und die Form auf dem Rost in den Backofen schieben.

Ober-/Unterhitze:
etwa 200 °C (vorgeheizt)
Heißluft: etwa 180 °C (vorgeheizt)
Gas: Stufe 3–4 (vorgeheizt)
Gratinierzeit: 5–10 Min.

Tipp:
Anstelle von Fleischtomaten können auch andere Tomaten verwendet werden. Sind diese kleiner, einfach die Anzahl der zu füllenden Tomaten erhöhen.

Frühlingszwiebeln in Bierteig

Zubereitungszeit: 90 Min.

Pro Portion:
E: 13 g, F: 47 g, Kh: 51 g, kJ: 2982, kcal: 712

- **12 Bund Frühlingszwiebeln (etwa 3 kg, möglichst dünne Zwiebeln)**

Für den Bierteig:

- **500 g Weizenmehl**
- **6 Eier (Größe M)**
- **500 ml helles Bier, ersatzweise Malzbier**
- **Salz**
- **frisch gemahlener Pfeffer**

Zum Ausbacken:

- **1,5 kg Frittierfett**

Zum Dippen:

- **3 Becher (je 125 g) Kräuter Crème fraîche**

1 Frühlingszwiebeln größtenteils vom Grün und von den Wurzeln befreien, gründlich waschen und mit Küchenpapier trockentupfen.

2 Für den Teig Mehl in eine Rührschüssel sieben, mit Eiern, Bier und Gewürzen zu einer klümpchenfreien Masse verrühren und etwa 20 Minuten stehen lassen.

3 Frittierfett in einem Topf oder in einer Fritteuse auf 180 °C erhitzen (das Fett hat die richtige Temperatur, wenn sich um einen in das Fett gehaltenen Holzlöffelstiel Bläschen bilden).

4 Den Bierteig noch einmal durchrühren, Zwiebeln darin eintauchen und portionsweise im heißen Fett 3–5 Minuten ausbacken.

5 Die Zwiebeln im vorgeheizten Backofen warm stellen.

6 Zu den Frühlingszwiebeln Kräuter Crème fraîche zum Dippen reichen.

Tipp:
Sie können auch Blumenkohl und Broccoli im Bierteig zubereiten. Dazu je 1,5 kg Blumenkohl und Broccoli putzen, waschen, in kleine Röschen teilen und in Salzwasser etwa 5 Minuten vorgaren. Den Bierteig wie angegeben zubereiten, evtl. 100 ml weniger Bier verwenden. Röschen mit Hilfe zweier Gabeln durch den Teig ziehen und wie angegeben backen.

Blätterteigtarteletts

Zubereitungszeit: 120 Min., ohne Auftauzeit

Insgesamt:
E: 85 g, F: 332 g, Kh: 322 g, kJ: 19643, kcal: 4699

- **2 Pck. (je 450 g, rechteckige Scheiben) TK-Blätterteig**
- **250 g TK-Blattspinat**
- **4 Tomaten (etwa 400 g)**
- **1 Glas Spargelspitzen (Abtropfgewicht 200 g)**
- **200 ml Schlagsahne**
- **2 Eier (Größe M)**
- **Salz**
- **frisch gemahlener Pfeffer**
- **geriebene Muskatnuss**

1 Blätterteigplatten und Blattspinat nach Packungsanleitung auftauen lassen.

2 Aus dem Blätterteig mit einem Ausstecher oder einem Glas (Ø etwa 4 cm) etwa 96 Kreise ausstechen. Kreise in eine Backmatte aus Kautschuk oder eine Minimuffinform für 24 Minimuffins legen (restliche Kreise zunächst kalt stellen und portionsweise danach backen) und leicht andrücken, so dass der Teigrand etwas übersteht.

3 Aufgetauten Blattspinat gut abtropfen lassen, evtl. ausdrücken. Tomaten waschen, trockentupfen, vierteln und Stängelansätze herausschneiden. Tomaten entkernen und in kleine Würfel schneiden. Abgetropfte Spargelspitzen in kleine Stücke schneiden. Sahne mit Eiern verquirlen und kräftig mit Salz, Pfeffer und Muskatnuss würzen.

4 Jeweils ein Drittel der vorbereiteten Tarteletts mit Spinat, Tomatenwürfeln und Spargelstückchen sowie 1 Esslöffel Sahne-Ei-Mischung füllen. Die Form auf dem Rost in den Backofen stellen.

Ober-/Unterhitze:
etwa 180 °C (vorgeheizt)
Heißluft: etwa 160 °C (vorgeheizt)
Gas: Stufe 2–3 (vorgeheizt)
Backzeit: 20–25 Min. pro Form

5 Die Tarteletts nach dem Backen aus den Formen lösen und warm essen oder auf Kuchenrosten erkalten lassen.

Gemüsefladen

24 Stück
Zubereitungszeit: 80 Min., ohne Teiggehzeit

Pro Stück:
E: 6 g, F: 4 g, Kh: 17 g, kJ: 575, kcal: 137

Für den Teig:
- **1 Pck. (42 g) frische Hefe**
- **5–6 EL lauwarmes Wasser**
- **600 g Vollkornweizenmehl**
- **etwa 400 ml lauwarmes Wasser**
- **Salz**

Für den Tomatenbelag (für 12 Fladen):
- **8–9 Tomaten**
- **½ Bund Basilikum**
- **frisch gemahlener Pfeffer**
- **geriebener Käse zum Überbacken (z. B. Gouda, Emmentaler)**

Für den Zucchinibelag (für 12 Fladen):
- **8–9 kleine Zucchini**
- **3–4 Knoblauchzehen**
- **5 TL Olivenöl**
- **½ Bund Salbei oder Basilikum**
- **geriebener Käse zum Überbacken (z. B. Gouda, Emmentaler)**

1 Für den Teig die Hefe in einer kleinen Schüssel zerbröseln, die kleine Menge Wasser dazugeben und mit einer Gabel vermischen. Das Mehl in eine Schüssel geben und in die Mitte eine Vertiefung eindrücken. Die Hefemischung hineingießen, mit etwas Mehl knapp verrühren. Etwas von dem Mehl darüber stäuben. Die Schüssel zugedeckt 15 Minuten an einem warmen Ort stehen lassen.

2 Anschließend das restliche Wasser (400 ml) und etwas Salz zugeben und alles mit Handrührgerät mit Knethaken in 5 Minuten zu einem glatten Teig verkneten. Teig nochmals zugedeckt an einem warmen Ort gehen lassen, bis er sich sichtbar vergrößert hat.

3 Teig mit Mehl bestäuben, auf der Arbeitsfläche nochmals kurz durchkneten, anschließend etwa 1 cm dick ausrollen, 24 runde Fladen ausschneiden oder mit einer kleinen Glasschüssel ausstechen. 12 Fladen zunächst kalt stellen.

4 Für den Tomatenbelag Tomaten waschen, abtrocknen, Stängelansätze entfernen und Tomaten in Scheiben schneiden. Basilikum abspülen, trockentupfen, Blätter von den Stängeln zupfen und und in Streifen schneiden. Tomatenscheiben auf 12 Fladen legen, mit Salz und Pfeffer würzen und mit Basilikum und Käse bestreuen. Die Fladen auf ein mit Backpapier belegtes Backblech legen und in den Backofen schieben.

Ober-/Unterhitze:
etwa 200 °C (vorgeheizt)
Heißluft: etwa 180 °C (vorgeheizt)
Gas: Stufe 3–4 (vorgeheizt)
Backzeit: 15–20 Min.

5 In der Zwischenzeit die restlichen 12 Fladen mit Zucchinibelag zubereiten. Dazu Zucchini waschen, abtrocknen, Enden abschneiden, Zucchini in Scheiben schneiden. Knoblauch abziehen, durch eine Knoblauchpresse drücken und die Zucchinischeiben mit Knoblauch und etwas Salz in Öl anbraten. Salbei oder Basilikum abspülen, trockentupfen, Blätter von den Stängeln zupfen und und in Streifen schneiden.

6 Fladen mit Zucchini belegen, mit Kräutern und Käse bestreuen und auf ein mit Backpapier belegtes Backblech legen. Das Backblech in den Backofen schieben und **wie oben angegeben** backen.

Tipp:
Dazu Knoblauchquark, Kräuterquark oder Crème fraîche servieren.

Antipasti-Buffet

Zubereitungszeit: 2½ Std.

Pro Portion:
E: 25 g, F: 27 g, Kh: 70 g,
kJ: 2773, kcal: 662

Für Bruschetta:

- **12 Tomaten (etwa 1,2 kg)**
- **2 Bund Basilikum**
- **3 Knoblauchzehen**
- **4 EL Olivenöl**
- **Salz, Pfeffer**
- **24 Scheiben geröstetes Ciabatta-Brot**

Für gefüllte Champignonköpfe:

- **24 große Champignons**
- **2 EL Speiseöl**
- **1 große Zwiebel**
- **1 Tomate**
- **1 Zucchini (etwa 200 g)**
- **1 EL Speiseöl, Salz, Pfeffer**
- **getrockneter Thymian**

Für gefüllte Artischockenböden:

- **3 Dosen Artischockenböden (Abtropfgewicht je etwa 500 g)**
- **2 große Zwiebeln**
- **200 g Champignons**
- **2 grüne Paprikaschoten (je etwa 150 g)**
- **3 EL Speiseöl**
- **Salz, Pfeffer**

Für Mozzarella-Tomaten:

- **5 Pck. Mozzarella (je 125 g)**
- **12 mittelgroße Tomaten (etwa 1 kg)**
- **2 Bund Basilikum**
- **3 EL Balsamico-Essig**
- **6 EL Olivenöl**
- **frisch gemahlener Pfeffer**

1 Für Bruschetta Tomaten waschen, abtropfen lassen, kreuzweise einschneiden und kurz in kochendes Wasser legen. Anschließend in kaltem Wasser abschrecken, enthäuten, Stängelansätze entfernen und Fruchtfleisch würfeln.

2 Basilikum abspülen, trockentupfen, Blätter von den Stielen zupfen und grob zerkleinern.

3 Knoblauchzehen abziehen, fein würfeln und mit Tomaten und Basilikum mischen. Mit Olivenöl vermengen, mit Salz und Pfeffer würzen und auf gerösteten Brotscheiben anrichten.

4 Für gefüllte Champignonköpfe Champignons putzen, vorsichtig die Stiele herausdrehen, Öl erhitzen und die Köpfe darin braten. Stiele fein würfeln.

5 Zwiebel abziehen und in feine Würfel schneiden. Tomate und Zucchini waschen und trockentupfen. Tomate vierteln, Stängelansätze herausschneiden, Tomaten entkernen und in Würfel schneiden. Von der Zucchini die Enden abschneiden und Zucchini fein würfeln.

6 Öl erhitzen und die gewürfelten Zutaten darin bissfest dünsten, mit Salz, Pfeffer und Thymian würzen und die Champignonköpfe mit Hilfe eines Teelöffels damit füllen.

7 Für gefüllte Artischockenböden die Artischockenböden auf einem Sieb abtropfen lassen.

8 Zwiebeln abziehen und fein würfeln. Champignons putzen und in Würfel schneiden.

9 Paprikaschoten halbieren, entstielen, entkernen, die weißen Scheidewände entfernen, Schoten waschen und würfeln.

10 Öl erhitzen und alle gewürfelten Zutaten darin anbraten, mit Salz und Pfeffer würzen und die Artischockenböden damit füllen.

(Fortsetzung Seite 32)

11 Für Mozzarella-Tomaten Mozzarella gut abtropfen lassen. Tomaten waschen, abtropfen lassen und in Scheiben schneiden, dabei die Stängelansätze entfernen.

12 Basilikum abspülen, trockentupfen und Blätter von den Stielen zupfen. Mozzarella in Scheiben schneiden.

13 Tomatenscheiben nebeneinander auf eine große Platte legen, darauf jeweils eine Mozzarellascheibe legen, mit Essig und Öl beträufeln, mit Pfeffer würzen und mit Basilikumblättern garnieren.

Gedünstete Birnen mit Käsenocken

Zubereitungszeit: 60 Min., ohne Kühlzeit

Pro Portion:
E: 15 g, F: 31 g, Kh: 19 g, kJ: 1970, kcal: 471

Für die Birnen:
- **750 ml (3/4 l) Rotwein**
- **500 ml (1/2 l) Birnensaft**
- **1 kleine Zimtstange**
- **12 kleine Birnen (etwa 1,4 kg)**

Für die Käsenocken:
- **400 g Blauschimmelkäse, z. B. Gorgonzola**
- **600 g Speisequark**
- **150 g weiche Butter**
- **100 g gehackte Walnusskerne**
- **Salz**
- **frisch gemahlener Pfeffer**

Zum Garnieren:
- **einige Minzeblätter**

1 Für die Birnen Rotwein mit Birnensaft in einem Topf vermischen, Zimtstange dazugeben und erhitzen.

2 Birnen schälen, Blüten und Stiele entfernen, anschließend in der Rotweinmischung etwa 10 Minuten dünsten und im Sud erkalten lassen.

3 Für die Käsenocken Blauschimmelkäse durch ein Sieb drücken, mit Quark, Butter und Walnusskernen verrühren und mit Salz und Pfeffer würzen.

4 Käsemasse etwa 20 Minuten kalt stellen, dann mit einem Löffel kleine Nocken abstechen.

5 Erkaltete Rotweinbirnen aus dem Sud nehmen, gut abtropfen lassen, mit Käsenocken anrichten und mit Minzeblättern garnieren.

Bei so viel Abwechslung gibt garantiert jeder Suppenkasper auf.

Aus der Suppenschüssel

Rot-grüne Paprikasuppe

Zubereitungszeit: 100 Min.

Pro Portion:
E: 5 g, F: 23 g, Kh: 21 g, kJ: 1351, kcal: 322

- **5 rote Paprikaschoten (etwa 700 g)**
- **5 grüne Paprikaschoten (etwa 700 g)**
- **800 g Kartoffeln, vorwiegend fest kochend**
- **1 Zwiebel**
- **1 Bund Frühlingszwiebeln**
- **2 Bund Liebstöckel**
- **120 g Butter**
- **1 EL Paprikapulver edelsüß**
- **4 geh. EL (etwa 80 g) Weizenmehl**
- **3 l Gemüsebrühe**
- **500 ml (½ l) Schlagsahne**
- **Salz, Pfeffer**

1 Eine rote und eine grüne Paprikaschote für die Einlage zurücklegen. Restliche Paprikaschoten halbieren, entstielen, entkernen, die weißen Scheidewände entfernen, Schoten waschen, grob zerkleinern und rote und grüne Paprikastücke trennen. Kartoffeln waschen, schälen, abspülen, klein schneiden und in 2 Portionen teilen.

2 Zwiebel abziehen, in Würfel schneiden und zu den roten Paprikastücken geben. Frühlingszwiebeln putzen, waschen, in feine Ringe schneiden und zu den grünen Paprikastücken geben. Liebstöckel abspülen, trockentupfen und zu den grünen Paprikastücken geben.

3 In 2 Töpfen jeweils die Hälfte der Butter erhitzen. In dem einen Topf Gemüsezutaten und Kartoffeln für die rote Suppe, in dem anderen Gemüsezutaten und Kartoffeln für die grüne Suppe andünsten.

4 Rote Paprikastücke mit Paprikapulver und der Hälfte des Mehls bestäuben, die grünen Paprikastücke nur mit der anderen Hälfte des Mehls bestäuben. Beide Gemüse mit jeweils 1½ l Gemüsebrühe und jeweils ¼ l Sahne auffüllen und etwa

(Fortsetzung Seite 36)

40 Minuten unter gelegentlichem Rühren bei schwacher Hitze zugedeckt köcheln lassen.

5 Rote und grüne Suppe getrennt voneinander pürieren und mit Salz und Pfeffer abschmecken.

6 Zurückgelegte Paprikaschoten halbieren, entstielen, entkernen, die weißen Scheidewände entfernen. Schoten waschen, in kleine Würfel schneiden und in Salzwasser 5 Minuten kochen.

7 Zum Servieren zunächst die rote Suppe, dann die grüne in Teller füllen und beide Suppen mit einer Gabel leicht marmorieren. Zum Schluss mit den Paprikawürfeln garnieren und die Suppe servieren.

Tipp:
Dazu Weißbrotscheiben servieren.

Selleriecremesuppe mit Knoblauchcroûtons

Zubereitungszeit: 90 Min.

Pro Portion:
E: 6 g, F: 31 g, Kh: 18 g, kJ: 1647, kcal: 394

Für die Selleriecremesuppe:
- **1,5 kg Knollensellerie**
- **750 g Porree (Lauch)**
- **100 ml Walnussöl**
- **2 l Gemüsebrühe**
- **1 gestr. EL Salz**
- **1 gestr. TL frisch gemahlener Pfeffer**
- **2–3 TL gehackter Estragon**
- **375 ml (3/8 l) Schlagsahne**
- **75 ml Zitronensaft**
- **3 EL Worcestersauce**

Für die Knoblauchcroûtons:
- **12 Scheiben Toastbrot**
- **5–6 Knoblauchzehen**
- **125 ml (1/8 l) Walnussöl**

- **2 Pck. Kresse**

1 Für die Suppe Sellerie großzügig schälen, waschen und in grobe Würfel schneiden. Porree putzen, waschen und in Ringe schneiden.

2 Öl in einem großen Topf erhitzen. Sellerie und Porree darin andünsten. Mit Brühe aufgießen, zugedeckt in etwa 35 Minuten gar kochen lassen und mit Salz, Pfeffer und Estragon würzen.

3 Das weiche Gemüse mit Brühe und Sahne pürieren. Die Suppe aufkochen lassen und mit Zitronensaft und Worcestersauce abschmecken.

4 Für die Knoblauchcroûtons Toastbrot in kleine Würfel schneiden. Knoblauchzehen abziehen, zerdrücken und dazugeben. Die beiden Zutaten in Öl knusprig braun braten.

5 Kresse abschneiden, abspülen und zum Servieren zusammen mit den Knoblauchcroûtons in die Suppe geben.

Bunte Bohnensuppe

Zubereitungszeit: 60 Min.

Pro Portion:
E: 26 g, F: 18 g, Kh: 52 g,
kJ: 2071, kcal: 495

- **2 gelbe Paprikaschoten (etwa 400 g)**
- **5 EL Speiseöl**
- **800 ml Gemüsebrühe**
- **1 Dose Kidney-Bohnen (Einwaage 800 g)**
- **1 kleine Dose Kidney-Bohnen (Einwaage 400 g)**
- **2 Pck. TK-Kräuter der Provence**
- **Salz**
- **frisch gemahlener Pfeffer**
- **4 Knoblauchzehen**
- **400 ml Schlagsahne**
- **1 Dose weiße Bohnen (Einwaage 800 g)**
- **1 Dose grüne Bohnenkerne (Flageolets, Einwaage 800 g)**

1 Paprikaschoten halbieren, entstielen, entkernen, die weißen Scheidewände entfernen, Schoten waschen und in kleine Würfel schneiden. Knoblauch abziehen und fein würfeln.

2 Öl in einem großen Topf erhitzen, Knoblauch- und Paprikawürfel darin andünsten, Gemüsebrühe dazugießen und etwa 10 Minuten kochen lassen.

3 Kidney-Bohnen abgießen und zu den Paprikawürfeln geben. Kräuter hinzufügen, die Suppe mit Salz und Pfeffer würzen und etwa 20 Minuten unter gelegentlichem Rühren kochen lassen.

4 Sahne, weiße Bohnen und grüne Bohnenkerne dazugeben, weitere 10 Minuten leicht kochen lassen und gegebenenfalls noch etwas abschmecken.

Tipp:
Bereiten Sie auch einmal eine scharfe Tomaten-Bohnensuppe zu. Dazu 2 Zwiebeln abziehen, würfeln und mit den Knoblauch- und Paprikawürfeln andünsten. Anstelle von Sahne 400 g passierte Tomaten hinzufügen und die Suppe mit Cayennepfeffer kräftig abschmecken.

Kartoffelsuppe mit Weisswein

Zubereitungszeit: 70 Min.

Pro Portion:
E: 4 g, F: 16 g, Kh: 21 g, kJ: 1215, kcal: 290

- **1,2 kg vorwiegend fest kochende Kartoffeln**
- **400 g Möhren**
- **400 g Porree (Lauch)**
- **80 g Butter**
- **0,7 l trockener, leichter Weißwein**
- **1 l Gemüsebrühe**
- **½ TL gemahlener Rosmarin**
- **½ TL gemahlener Koriander**
- **1 TL Zucker**
- **2 gestr. TL Salz**
- **1 TL weißer Pfeffer**
- **1 Bund frischer Dill**
- **400 g Schmand**

1 Kartoffeln waschen, schälen, abspülen und grob würfeln. Möhren putzen, schälen, abspülen und 150 g davon in grobe Stücke schneiden. Den Rest der Möhren fein würfeln. Porree putzen, die Stangen längs halbieren, waschen und in breite Streifen schneiden.

2 50 g der Butter in einem großen Topf zerlassen und den Porree darin andünsten. Kartoffeln und die groben Möhrenstücke dazugeben und ebenfalls andünsten. Die kleinen Möhrenwürfel in einem kleinen Topf mit der restlichen Butter bei schwacher Hitze zugedeckt etwa 10 Minuten gar dünsten lassen, evtl. 2–3 Esslöffel Wasser hinzugeben.

3 Wein und Brühe zum Kartoffel-Gemüse gießen und zum Kochen bringen. Suppe mit Rosmarin, Koriander, Zucker, Salz und Pfeffer würzen und etwa 30 Minuten bei schwacher Hitze zugedeckt kochen lassen.

4 Die Suppe von der Kochstelle nehmen und pürieren. Dill abspülen, abtropfen lassen, fein hacken und mit dem Schmand unter die Suppe rühren. Gedünstete Möhrenwürfel ebenfalls unterrühren und die Suppe servieren.

Tipp:
Möhrenwürfel mit 1 Esslöffel Zucker im Topf karamellisieren.

Zucchinisuppe mit Joghurt

Foto
Zubereitungszeit: 60 Min.

Pro Portion:
E: 15 g, F: 22 g, Kh: 9 g, kJ: 1299, kcal: 311

- **5–6 Knoblauchzehen**
- **3 Zwiebeln**
- **100 g Butter**
- **1250 ml (1¼ l) Gemüsebrühe**
- **750 g Naturjoghurt**
- **3 Eier (Größe M)**
- **3 gestr. EL Weizenmehl**
- **1,2 kg Zucchini**
- **600 g Schafkäse**
- **2 Bund Schnittlauch**
- **Salz**
- **frisch gemahlener Pfeffer**
- **geriebene Muskatnuss**

1 Knoblauchzehen und Zwiebeln abziehen und fein hacken. In einem großen, weiten Topf Butter zerlassen, Knoblauch und Zwiebeln darin andünsten und den Topf von der Kochstelle nehmen.

2 Gemüsebrühe, Joghurt, Eier und Mehl hinzufügen, gut verrühren und unter ständigem Rühren kurz aufkochen lassen.

3 Zucchini waschen, abtropfen lassen und Enden abschneiden. Zucchini in feine Würfel schneiden, zur Suppe geben und 5 Minuten köcheln lassen.

4 Schafkäse in Würfel schneiden. Schnittlauch abspülen, trockentupfen, fein schneiden, und beides kurz in der Suppe erhitzen.

5 Suppe mit Salz, Pfeffer und Muskat abschmecken und heiß servieren.

Tipp:
Dazu warmes Fladenbrot oder Ciabatta servieren.

Gelbe Linsensuppe mit Curry

Zubereitungszeit: 90 Min.

Pro Portion:
E: 28 g, F: 10 g, Kh: 64 g, kJ: 1960, kcal: 464

- **3 Zwiebeln, 100 g Butter**
- **5–6 Knoblauchzehen**
- **3 gestr. EL Currypulver**
- **1–2 gestr. TL Paprika edelsüß**
- **1 gestr. TL Kreuzkümmel**
- **2–3 gestr. TL Salz**
- **2 gestr. TL Pfeffer**
- **75 g Tomatenmark**
- **2250 ml (2¼ l) Gemüsebrühe**
- **1,2 kg gelbe Linsen**
- **75 g Rosinen**
- **2 Bund glatte Petersilie**

1 Zwiebeln abziehen, in kleine Würfel schneiden und in zerlassener Butter dünsten. Knoblauch abziehen, durch eine Knoblauchpresse drücken und dazugeben.

2 Currypulver, Paprika, Kreuzkümmel, Salz, Pfeffer und Tomatenmark hinzufügen und kurz andünsten. Gemüsebrühe hinzugießen. Linsen einstreuen, aufkochen und 30–40 Minuten bei schwacher Hitze gar kochen lassen.

3 Rosinen hinzufügen. Petersilie abspülen, trockentupfen, Blättchen von den Stängeln zupfen, hacken und kurz vor dem Servieren in die Suppe streuen.

Andalusische Tomatencreme

Zubereitungszeit: 35 Min.

Pro Portion:
E: 7 g, F: 18 g, Kh: 15 g,
kJ: 1132, kcal: 271

- **6 Zwiebeln**
- **3 kg Tomaten**
- **75 ml Olivenöl**
- **3 gestr. EL Weizenmehl**
- **1,5 l Gemüsebrühe**
- **Salz**
- **frisch gemahlener Pfeffer**
- **3 EL Tomatenmark**
- **300 g Champignons (aus der Dose)**
- **300 g Erbsen (aus der Dose)**
- **5 Eigelb (Größe M)**
- **300 ml Schlagsahne**
- **125 ml (1/8 l) Sherry Fino**

Zum Bestreuen:

- **1 Bund Petersilie**

1 Zwiebeln abziehen und fein würfeln. Tomaten waschen, abtropfen lassen, Stängelansätze entfernen und das Fruchtfleisch würfeln.

2 Öl erhitzen und die Zwiebeln darin andünsten. Zwiebeln mit Mehl bestäuben und unter Rühren so lange darin erhitzen, bis das Mehl hellgelb ist. Tomatenstücke hinzufügen und kurz mitdünsten lassen.

3 Brühe hinzugießen, mit Salz und Pfeffer würzen und 10 Minuten kochen lassen. Die Suppe durch ein Sieb streichen und wieder erhitzen. Tomatenmark unterrühren. Champignons und Erbsen auf einem Sieb abtropfen lassen, in die Suppe geben und kurz miterhitzen.

4 Eigelb und Sahne verschlagen, die Suppe damit abziehen (nicht mehr kochen lassen!). Die Suppe mit Sherry abschmecken.

5 Zum Bestreuen Petersilie abspülen, trockentupfen und fein hacken. Die Suppe vor dem Servieren mit Petersilie bestreuen.

Tipp:
Sie können auch frische Champignons und TK-Erbsen verwenden. Champignons mit Küchenpapier abreiben und evtl. halbieren. Champignons und TK-Erbsen 3–5 Minuten mitkochen lassen.

Broccoli-Käse-Suppe

Foto
Zubereitungszeit: 30 Min.

Pro Portion:
E: 11 g, F: 14 g, Kh: 6 g,
kJ: 851, kcal: 203

- **1,5 kg Broccoli**
- **2,25 l (2¼ l) Gemüsebrühe**
- **600 g Sahne-Schmelzkäse**
- **3 Pck. helle Sauce (für je 250 ml Flüssigkeit)**
- **frisch gemahlener Pfeffer**
- **geriebene Muskatnuss**

1 Vom Broccoli Blätter entfernen, den Broccoli waschen, den Strunk schälen, klein schneiden und Broccoli in Röschen teilen. Gemüsebrühe zugedeckt zum Kochen bringen und Broccoli etwa 5 Minuten darin garen.

2 Knapp die Hälfte des Broccolis (Röschen) mit einer Schaumkelle entnehmen und auf einem Sieb abtropfen lassen. Die andere Hälfte zusammen mit der Brühe pürieren, Käse hinzufügen und darin unter Rühren auflösen.

3 Saucenpulver mit einem Schneebesen in die Suppe rühren, Suppe aufkochen lassen und mit Pfeffer und Muskatnuss würzen.

4 Vor dem Servieren zurückgelegte Broccoliröschen in der Suppe kurz erwärmen.

Blumenkohl-Frischkäse-Suppe

Zubereitungszeit: 50 Min.

Pro Portion:
E: 8 g, F: 17 g, Kh: 18 g,
kJ: 1128, kcal: 269

- **2 Köpfe Blumenkohl (je 1–1,2 kg)**
- **1750 ml (1¾ l) Gemüsebrühe**
- **500 ml (½ l) Milch**
- **200 g Doppelrahm-Frischkäse**
- **3–4 EL Zitronensaft**
- **Salz**
- **geriebene Muskatnuss**
- **8 Scheiben Weißbrot**
- **100 ml Traubenkernöl**
- **5–6 Kerbelzweige**

1 Blätter und schlechte Stellen vom Blumenkohl entfernen und den Strunk abschneiden. Blumenkohl in kleine Röschen zerteilen, waschen und abtropfen lassen.

2 Gemüsebrühe zum Kochen bringen, Blumenkohl und Milch dazugeben, aufkochen und bei schwacher Hitze zugedeckt etwa 15 Minuten köcheln lassen.

3 Blumenkohl mit Kochflüssigkeit pürieren. Frischkäse, Zitronensaft, Salz und Muskatnuss hinzufügen, alles nochmals kurz durchmixen und erhitzen.

4 Weißbrot in kleine Würfel schneiden und mit Traubenkernöl in einer Pfanne goldbraun rösten. Kerbel abspülen, abtropfen lassen und die Blättchen von den Stängeln zupfen. Die Suppe auf Teller verteilen und mit Brotwürfeln und Kerbelblättchen garniert servieren.

Bohneneintopf mit Oliven

Foto
Zubereitungszeit: 90 Min.

Pro Portion:
E: 22 g, F: 9 g, Kh: 56 g, kJ: 1716, kcal: 410

- **1,2 kg fest kochende Kartoffeln**
- **2 Bund Majoran**
- **1 Bund Frühlingszwiebeln**
- **4 EL Olivenöl**
- **1 l Gemüsebrühe**
- **Salz, Pfeffer**
- **2 Dosen weiße Bohnen (Einwaage je 800 g)**
- **240 g schwarze Oliven ohne Stein**

1 Kartoffeln waschen, schälen, abspülen und in kleine Würfel schneiden. Majoran und Frühlingszwiebeln putzen, abspülen, abtropfen lassen und klein schneiden.

2 In einem großen Topf Olivenöl erhitzen und Kartoffelwürfel und klein geschnittene Frühlingszwiebeln darin andünsten.

3 Gemüsebrühe hinzugießen und 30 Minuten schwach kochen lassen. Während des Kochens den Eintopf mit Majoran, Salz und Pfeffer würzen.

4 Bohnen mit Sud und Oliven dazugeben. Den Eintopf noch weitere 15 Minuten kochen lassen und gegebenenfalls noch etwas abschmecken.

Tipp:
Dazu in Knoblauchöl geröstetes Weißbrot reichen.

Dreikorntopf

Zubereitungszeit: 40 Min, ohne Einweichzeit

Pro Portion:
E: 13 g, F: 28 g, Kh: 44 g, kJ: 2114, kcal: 504

- **200 g Haferkörner**
- **250 g Grünkernkörner**
- **250 g Dinkelkörner**
- **1750 ml (1¾ l) Wasser**
- **5–6 Zwiebeln**
- **100 ml Haselnussöl**
- **1,6 l Gemüsebrühe**
- **500 g Möhren**
- **500 g Zuckerschoten**
- **2 Bund Frühlingszwiebeln**
- **2 Becher (je 150 g) Crème fraîche**
- **200 g abgezogene, gestiftelte Mandeln**
- **Salz, Pfeffer**
- **2 Bund Petersilie**

1 Hafer-, Grünkern- und Dinkelkörner in dem Wasser über Nacht einweichen.

2 Zwiebeln abziehen, fein würfeln und in Öl anbraten. Mit Gemüsebrühe ablöschen, eingeweichte Körner dazugeben. Alles zum Kochen bringen und zugedeckt etwa 10 Minuten köcheln lassen.

3 Möhren putzen, schälen, waschen und grob würfeln. Würfel in die Suppe geben und weitere 5 Minuten mitköcheln lassen.

4 Zuckerschoten putzen, waschen und halbieren. Frühlingszwiebeln putzen, waschen, in 1 cm lange Stücke schneiden und beide Zutaten kurz mitgaren lassen.

5 Crème fraîche und Mandeln unterrühren und die Suppe mit Salz und Pfeffer abschmecken. Petersilie abspülen, trockentupfen, hacken und darüber streuen.

Möhrencremesuppe mit Käseklösschen

Zubereitungszeit: 90 Min.

Pro Portion:
E: 9 g, F: 25 g, Kh: 20 g, kJ: 1458, kcal: 348

Für die Möhrencremesuppe:

- **3 Schalotten**
- **1,5 kg Möhren**
- **150 g Knollensellerie**
- **100 g Butter**
- **knapp 2 l Gemüsebrühe**
- **Salz**
- **etwas Zucker**
- **frisch gemahlener Pfeffer**
- **1 Becher (150 g) Crème fraîche**

Für die Käseklößchen:

- **150 ml Milch**
- **50 g Butter**
- **1 Prise Salz**
- **geriebene Muskatnuss**
- **150 g Weizenmehl**
- **3 Eier (Größe M)**
- **60–70 g fein geraspelter Greyerzer**

Zum Bestreuen:

- **einige Kerbelblättchen**
- **100 g grob gehackte Haselnusskerne**

1 Für die Suppe Schalotten abziehen und in feine Würfel schneiden. Möhren und Sellerie putzen, schälen und in grobe Würfel zerteilen.

2 In einem großen Topf Butter erhitzen und zuerst die Schalotten, danach Sellerie und Möhren andünsten. Mit Gemüsebrühe auffüllen, aufkochen und zugedeckt bei mittlerer Hitze 15 Minuten köcheln lassen.

3 Die Suppe mit Salz, Zucker und Pfeffer würzen, fein pürieren und mit Crème fraîche verfeinern.

4 Für die Klößchen Milch mit Butter, Salz und Muskat am besten in einem Stieltopf zum Kochen bringen. Mehl sieben, auf einmal in die von der Kochstelle genommene Flüssigkeit schütten, zu einem glatten Kloß rühren und unter Rühren etwa 1 Minute erhitzen.

5 Den glatten Kloß sofort in eine Schüssel geben und nach und nach mit Handrührgerät mit Knethaken auf höchster Stufe die Eier unterarbeiten. Zuletzt Greyerzer unterrühren.

6 In einem Topf Salzwasser aufkochen lassen und kleine Käseklößchen mit zwei kalt abgespülten Teelöffeln abstechen. Klößchen etwa 3 Minuten garen.

7 Möhrencremesuppe mit den Käseklößchen, einigen Kerbelblättchen und Haselnusskernen bestreut servieren.

Tipp:
Bundmöhren sind besonders aromatisch.

Ob als Beilage oder zum satt essen – tolle Salate gehören zu jeder Party.

Knackige Salatideen

Reissalat „Balkan"

Zubereitungszeit: 40 Min., ohne Durchziehzeit

Pro Portion:
E: 10 g, F: 14 g, Kh: 43 g, kJ: 1385, kcal: 330

Für den Salat:
- **1 l Gemüsebrühe**
- **500 g Reismischung (85 % Parboiled Langkorn, 15 % Wildreis)**
- **1 Dose Gemüsemais (Abtropfgewicht 285 g)**
- **1 Dose Erbsen (Abtropfgewicht 280 g)**
- **2 rote Paprikaschoten (je etwa 160 g)**
- **4 Frühlingszwiebeln**

Für das Dressing:
- **2 gestr. TL Sambal Oelek**
- **2 gestr. TL Salz**
- **2 gestr. TL Paprikapulver edelsüß**
- **4 EL Weißweinessig**
- **6 EL Olivenöl**
- **100 g Tomatenmark**
- **125 ml (1/8 l) Schlagsahne**

- **250 g Schafkäse**

1 Für den Salat Gemüsebrühe zum Kochen bringen, die Reismischung darin etwa 20 Minuten garen, auf ein Sieb geben und mit kaltem Wasser abschrecken. Den Reis gut abtropfen lassen und in eine große Schüssel geben.

2 Mais und Erbsen auf einem Sieb abtropfen lassen und zum Reis geben.

3 Paprikaschoten halbieren, entstielen, entkernen, die weißen Scheidewände entfernen, Schoten waschen und in Würfel schneiden. Frühlingszwiebeln putzen, waschen und in feine Ringe schneiden. Gemüse zum Reis geben und vermischen.

4 Für das Dressing Sambal Oelek, Salz, Paprikapulver und Essig miteinander verrühren. Öl, Tomatenmark und Schlagsahne unterrühren. Den Salat mit dem Dressing

(Fortsetzung Seite 54)

verrühren, evtl. nochmals abschmecken und einige Stunden gut durchziehen lassen.

5 Schafkäse würfeln oder in kleine Stücke brechen, teilweise unter den Salat heben und den Rest darauf anrichten.

Tipp:
Es können auch 300 g TK-Erbsen verwendet werden. TK-Erbsen in Salzwasser 1 Minute kochen und abtropfen lassen.

Farfalle-Schichtsalat

Zubereitungszeit: 60 Min., ohne Abkühlzeit

Pro Portion:
E: 16 g, F: 17 g, Kh: 37g, kJ: 1584, kcal: 378

- **500 g bunte Farfalle (Schmetterlingsnudeln)**
- **300 ml Wasser**
- **1 TL Salz**
- **750 g TK-Romanesco-Mix-Gemüse (von Frosta)**
- **600 g Tomaten**
- **250 g Schafkäse**
- **1 Zwiebel**
- **2–3 Knoblauchzehen**
- **500 g Naturjoghurt**
- **200 g Kräuter-Doppelrahm-Frischkäse**
- **1 Becher (125 g) Kräuter Crème fraîche**
- **1 EL frisches, gehacktes Basilikum**
- **frisch gemahlener Pfeffer**

Zum Bestreuen:
- **einige Basilikumblätter**

1 Nudeln in reichlich Salzwasser nach Packungsanleitung bissfest kochen, dann auf ein Sieb geben, mit kaltem Wasser abschrecken und erkalten lassen.

2 300 ml Wasser mit Salz zum Kochen bringen und das TK-Gemüse darin etwa 5 Minuten garen. Anschließend das Gemüse auf einem Sieb abtropfen und erkalten lassen.

3 Tomaten waschen, abtrocknen und in Scheiben schneiden, dabei die Stängelansätze entfernen. Schafkäse würfeln. Zwiebel und Knoblauch abziehen und in feine Würfel schneiden.

4 Joghurt, Frischkäse, Kräuter Crème fraîche und Basilikum verrühren. Zwiebel- und Knoblauchwürfel unterrühren und die Sauce mit Pfeffer abschmecken.

5 Salatzutaten in einer großen, hohen Glasschüssel einschichten, dazu der Reihe nach ein Drittel Sauce, Nudeln, Gemüse, Tomaten und Schafkäse einschichten und diese Schichtung noch zweimal wiederholen.

6 Den Salat mit Basilikumblättern bestreuen, bis zum Servieren kalt stellen und gut durchziehen lassen.

Sauerkrautsalat

Foto
Zubereitungszeit: 40 Min.

Pro Portion:
E: 4 g, F: 12 g, Kh: 4 g,
kJ: 625, kcal: 149

Für den Salat:

- **250 g Feldsalat**
- **2 Bund Schnittlauch**
- **3 Dosen mildes Sauerkraut (Abtropfgewicht je 800 g)**
- **2 Dosen Pfifferlinge (Abtropfgewicht je 250 g)**

Für die Sauce:

- **5 EL Apfelessig**
- **Salz, Pfeffer**
- **10 EL Nussöl**

- **etwas Speiseöl**

1 Für den Salat den Feldsalat verlesen, waschen, abtropfen lassen und auf einer Platte oder in einer weiten Schüssel verteilen.

2 Schnittlauch abspülen, trockentupfen und in feine Röllchen schneiden. Sauerkraut und Pfifferlinge auf einem Sieb abtropfen lassen.

3 Für die Sauce Apfelessig mit Salz und Pfeffer verrühren, Öl unterrühren, das Sauerkraut damit vermengen und auf dem Feldsalat anrichten.

4 Pfifferlinge in wenig Öl andünsten und mit Salz und Pfeffer würzen. Pfifferlinge auf dem Sauerkraut verteilen und mit Schnittlauchröllchen bestreuen.

Bunter Spargelsalat

Zubereitungszeit: 90 Min., ohne Durchziehzeit

Pro Portion:
E: 5 g, F: 16 g, Kh: 11 g,
kJ: 910, kcal: 217

- **500 g kleine, fest kochende Kartoffeln**
- **2,5 kg weißer Spargel**
- **1,5 l Salzwasser**
- **1 TL Zucker**
- **50 g Butter**
- **2 Bund Radieschen**
- **500 g Cocktailtomaten**
- **2 Bund Frühlingszwiebeln**
- **100 ml Kräuteressig**
- **1 TL süßer Senf**
- **Salz, Pfeffer**
- **etwas Zucker**
- **150 ml Knoblauchöl**

1 Kartoffeln waschen, in Salzwasser zum Kochen bringen und etwa 20 Minuten kochen. Anschließend abgießen, noch warm pellen, abkühlen lassen und in Scheiben schneiden.

2 Spargel von oben nach unten schälen, holzige Enden abschneiden, waschen und in etwa 5 cm lange Stücke schneiden. Salzwasser mit Zucker und Butter zum Kochen bringen. Spargel darin etwa 12 Minuten bissfest kochen und anschließend abtropfen lassen.

3 Radieschen putzen, waschen und in Scheiben schneiden. Cocktailtomaten waschen und in Scheiben schneiden, dabei Stängelansätze herausschneiden. Frühlingszwiebeln putzen, waschen und in feine Ringe schneiden. Alle Zutaten mischen.

4 Essig mit Senf, Salz, Pfeffer und Zucker verrühren. Öl unterschlagen und die Sauce über die Salatzutaten geben. Salat etwa 30 Minuten durchziehen lassen.

Gemüsesalat mit Knoblauchdressing

Zubereitungszeit: 90 Min.

Pro Portion:
E: 7 g, F: 11 g, Kh: 25 g, kJ: 953, kcal: 229

Für den Gemüsesalat:

- **2 mittelgroße Köpfe Blumenkohl**
- **5–6 Möhren**
- **300 g grüne Bohnen**
- **300 g TK-Erbsen**
- **3 Zwiebeln**
- **3 rote Paprikaschoten**
- **600 g gekochte Kartoffeln**

Für das Dressing:

- **5–6 Knoblauchzehen**
- **500–600 g leichte Salatcreme**
- **150 g Naturjoghurt**
- **3 EL mittelscharfer Senf**
- **Saft von 1 Zitrone**
- **Salz**
- **frisch gemahlener Pfeffer**
- **1 gestr. TL Zucker**
- **1–2 Msp. Cayennepfeffer**

Zum Bestreuen:

- **2 Bund Petersilie**

1 Für den Gemüsesalat vom Blumenkohl die Blätter und schlechten Stellen entfernen, den Strunk abschneiden, den Blumenkohl in kleine Röschen teilen und waschen. Möhren putzen, schälen, waschen und in dünne Scheiben schneiden. Von den Bohnen die Enden abschneiden, die Bohnen evtl. abfädeln, waschen und schneiden oder brechen.

2 Das vorbereitete Gemüse und die Erbsen nacheinander in Salzwasser bissfest kochen, abschrecken, gut abtropfen lassen und in eine große Schüssel geben.

3 Zwiebeln abziehen und fein würfeln. Paprikaschoten halbieren, entstielen, entkernen, die weißen Scheidewände entfernen, die Schoten waschen und in feine Würfel schneiden. Kartoffeln ebenfalls würfeln, mit Zwiebeln und Paprika zum Gemüse geben und alles vorsichtig miteinander vermischen.

4 Für das Dressing Knoblauch abziehen, fein hacken oder durch eine Knoblauchpresse drücken. Knoblauch mit Salatcreme, Joghurt, Senf und Zitronensaft in eine Schüssel geben und mit dem Schneebesen glatt rühren. Die Sauce mit Salz, Pfeffer, Zucker und Cayennepfeffer würzen.

5 Den Gemüsesalat mit dem Dressing vermengen und im Kühlschrank etwas durchziehen lassen. Petersilie abspülen, abtropfen lassen, fein hacken und den Salat vor dem Servieren damit bestreuen.

Marinierter Spitzkohl mit Champignons

Zubereitungszeit: 100 Min.

Pro Portion:
E: 6 g, F: 26 g, Kh: 16 g, kJ: 1424, kcal: 340

Für den Salat:
- **1,5 kg Spitzkohl**
- **600 g Champignons**

Für die Croûtons:
- **12 Scheiben Toastbrot**
- **3 Knoblauchzehen**
- **150 g Butter oder Margarine**

Für die Marinade:
- **Salz**
- **grob gemahlener bunter Pfeffer**
- **100 ml Apfelessig**
- **150 ml Speiseöl**

Zum Anbraten:
- **3 EL Speiseöl**

1 Für den Salat Spitzkohl putzen, waschen und mit einem Gemüsehobel zu Streifen verarbeiten oder mit einem Messer in feine Streifen schneiden.

2 Champignons ebenfalls putzen, mit Küchenpapier abreiben und in Scheiben schneiden.

3 Für die Croûtons Toastbrot in feine Würfel schneiden, Knoblauchzehen abziehen und klein schneiden. Butter oder Margarine erhitzen, Knoblauch darin anbraten und die Brotwürfel darin goldbraun rösten.

4 Spitzkohlstreifen in Salzwasser etwa 15 Minuten kochen lassen, danach auf einem Sieb abtropfen lassen (200 ml Flüssigkeit davon auffangen).

5 Für die Marinade Spitzkohl mit Salz und Pfeffer würzen und mit Essig und Öl sowie der aufgefangenen Flüssigkeit vermengen.

6 Champignonscheiben kurz und kräftig in Öl anbraten, salzen und pfeffern und unter den noch lauwarmen Salat mischen. Zum Schluss den Salat mit Croûtons bestreuen und lauwarm servieren.

Tipp:
Sie können anstelle von Spitzkohl auch Wirsingkohl oder Chinakohl verwenden.

Tomaten-Zucchini-Salat

Zubereitungszeit: 70 Min.

Pro Portion:
E: 19 g, F: 32 g, Kh: 11 g, kJ: 1687, kcal: 403

Für den Salat:

- **3 mittelgroße Zucchini (je etwa 250 g)**
- **3 grüne Paprikaschoten**
- **3 kleine Gemüsezwiebeln**
- **3 Knoblauchzehen**
- **12 hart gekochte Eier**
- **20–30 grüne Oliven mit Paprikafüllung**
- **15 mittelgroße Tomaten**
- **2 Bund Schnittlauch**

Für die Sauce:

- **100 ml Zitronensaft**
- **Salz**
- **frisch gemahlener, schwarzer Pfeffer**
- **getrockneter Oregano**
- **etwas frischer, gehackter Dill**
- **1 EL Zucker**
- **150 ml Olivenöl**

- **600 g griechischer Schafkäse**

1 Für den Salat Zucchini waschen, abtrocknen, die Enden abschneiden und die Zucchini in dünne Scheiben schneiden.

2 Paprikaschoten halbieren, entstielen, entkernen, die weißen Scheidewände entfernen, die Schoten waschen und in Streifen schneiden.

3 Gemüsezwiebeln und Knoblauchzehen abziehen. Gemüsezwiebeln in feine Scheiben schneiden und die Knoblauchzehen durch die Knoblauchpresse drücken.

4 Eier pellen und achteln. Oliven in Scheiben schneiden. Tomaten waschen, abtrocknen, Stängelansätze herausschneiden und Tomaten in Spalten schneiden. Schnittlauch waschen, abtropfen lassen und in Röllchen schneiden.

5 Alle Zutaten der Reihe nach in einer großen Schüssel oder Schale anrichten.

6 Für die Sauce Zitronensaft mit Salz, Pfeffer, Oregano, Dill und Zucker verrühren und Olivenöl darunter rühren. Sauce über den Salat geben.

7 Den Schafkäse zerbröseln und auf dem Salat verteilen.

Tipp:
Dazu Fladenbrot reichen.
Ersetzen Sie den Dill durch Oregano oder Thymian.

Auberginen-Tomaten-Salat

Foto
Zubereitungszeit: 80 Min.

Pro Portion:
E: 3 g, F: 16 g, Kh: 6 g,
kJ: 777, kcal: 186

- **5 Auberginen (etwa 1 kg)**
- **8 Fleischtomaten (etwa 1,2 kg)**
- **1 Bund glatte Petersilie**
- **1 Bund Minze**
- **3 rote Zwiebeln**
- **8 EL Olivenöl**
- **Salz, Pfeffer**

- **etwas Limettensaft**
- **5 EL Olivenöl**
- **5 EL Balsamico-Essig**

Zum Bestreuen:

- **50 g abgezogene, gehobelte, geröstete Mandeln**

1 Auberginen und Tomaten waschen und Stängelansätze herausschneiden. Petersilie und Minze putzen, abspülen und trockentupfen. Das Gemüse in Scheiben schneiden, Kräuter grob hacken. Zwiebeln abziehen und in dünne Ringe schneiden.

2 In einer beschichteten Pfanne etwas von dem Öl erhitzen, zunächst Auberginenscheiben etwa 4 Minuten darin braten, dann etwas kürzer Zwiebelringe und Tomatenscheiben braten.

3 Gebratene Auberginenscheiben in eine flache Schale legen, mit Salz und Pfeffer bestreuen und mit etwas Limettensaft, Olivenöl und Essig beträufeln. Die Hälfte der Kräuter darüber streuen.

4 Als nächste Schicht angebratene Zwiebelringe darauf legen. Zum Schluss Tomatenscheiben darauf schichten, wieder würzen und mit den restlichen Kräutern und den gerösteten Mandeln bestreuen. Den Salat bis zum Servieren kalt stellen.

Tipp:
An heißen Tagen schmeckt der Salat sehr gut mit Bratkartoffeln.

Zwölfer-Salat

Zubereitungszeit: 50 Min.

Pro Portion:
E: 9 g, F: 17 g, Kh: 23 g,
kJ: 1235, kcal: 296

- **12 Eier**
- **12 Zwiebeln**
- **12 Äpfel**
- **12 große Gewürzgurken**
- **2 Gläser Tomaten-Paprika (Einwaage je 165 g)**
- **1 Bund Petersilie**
- **600 g leichte Salatcreme**

1 Eier hart kochen und erkalten lassen. Zwiebeln abziehen und in feine Ringe schneiden. Äpfel schälen, vierteln, entkernen und mit den Gewürzgurken in Würfel schneiden.

2 Tomaten-Paprika auf einem Sieb gut abtropfen lassen. Eier pellen und in Würfel schneiden. Alle Zutaten bis auf die Eier in eine große Schüssel geben.

3 Petersilie abspülen, trockentupfen, die Blättchen von den Stängeln zupfen und fein hacken. Petersilie und Salatcreme mit den anderen Zutaten in einer Schüssel vermengen und die Eiwürfel vorsichtig unterheben. Den Salat bis zum Servieren kalt stellen.

Salat „Dolma"

Foto
Zubereitungszeit: 50 Min.

Pro Portion:
E: 7 g, F: 15 g, Kh: 7 g,
kJ: 838, kcal: 200

- **1,5 kg türkische Paprikaschoten (Dolma biber)**
- **3 Zwiebeln**
- **300 g Schafkäse**
- **150 g schwarze Oliven**

Für die Sauce:

- **200 ml Zitronensaft**
- **Salz**
- **Cumin (Kreuzkümmel)**
- **Pul Biber (in türkischen Läden)**
- **1 gestr. TL Zucker**
- **75 ml Olivenöl**
- **6 EL Sesamsamen**
- **2 Bund glatte Petersilie**

1 Paprikaschoten entstielen, entkernen, die weißen Scheidewände entfernen, Schoten waschen, abtrocknen und von der Spitze her in dünne Ringe schneiden. Evtl. Reste der weißen Scheidewände aus den Ringen herausschneiden und Kerne entfernen.

2 Zwiebeln abziehen und in feine Würfel schneiden. Schafkäse ebenfalls würfeln. Die vorbereiteten Zutaten mit den Oliven in eine Schüssel geben.

3 Für die Sauce Zitronensaft mit Salz, Kreuzkümmel, Pul Biber und Zucker verrühren, Öl und Sesam unterrühren. Die Sauce mit den Salatzutaten vermischen.

4 Petersilie abspülen, trockentupfen, die Blättchen von den Stängeln zupfen, fein schneiden und unter den Salat mischen.

Tipp:
Wer keinen Pul Biber bekommt, kann ersatzweise auch geschrotete Pfefferschoten verwenden.

Indischer Rohkostsalat

Zubereitungszeit: 60 Min.

Pro Portion:
E: 7 g, F: 21 g, Kh: 16 g,
kJ: 1239, kcal: 296

- **1,2 kg Möhren**
- **1,2 kg kleine Zucchini**
- **3 Zwiebeln**
- **1 Bund Petersilie**
- **1 Bund Oregano**
- **1 Bund Schnittlauch**

Für das Dressing:

- **6–8 EL Kräuteressig**
- **3–4 EL Wasser**
- **1 TL Currypulver**
- **geriebene Muskatnuss**
- **Salz, 5 EL Nussöl**
- **5 EL Sonnenblumenöl**

- **300 g ungesalzene, geröstete Cashewkerne**

1 Möhren putzen, schälen, waschen und grob raspeln. Zucchini waschen, abtrocknen, die Enden abschneiden und Zucchini in feine Stifte schneiden. Zwiebeln abziehen und fein würfeln.

2 Kräuter abspülen und trockentupfen. Bei Petersilie und Oregano die Blättchen von den Stängeln zupfen und hacken, Schnittlauch in

(Fortsetzung Seite 68

Röllchen schneiden. Alle Zutaten in eine Salatschüssel geben.

3 Für das Dressing Essig mit Wasser, Currypulver, Muskatnuss und Salz verrühren. Beide Ölsorten unterrühren und das Dressing mit den Salatzutaten vermischen. Cashewkerne kurz vor dem Servieren unter den Salat mengen.

Linsensalat in Senfdressing

Zubereitungszeit: 120 Min., ohne Durchziehzeit

Pro Portion:
E: 25 g, F: 19 g, Kh: 52 g, kJ: 2082, kcal: 493

Für den Salat:

- **1 kg Tellerlinsen**
- **3,5 l Gemüsebrühe**
- **1 Gemüsezwiebel (etwa 150 g)**
- **4 Möhren (etwa 400 g)**
- **½ Knolle Sellerie (etwa 400 g)**
- **1 Stange Porree (Lauch, etwa 400 g)**

Für das Dressing:

- **4 geh. EL Mayonnaise**
- **4 geh. EL milder Senf**
- **125 ml (⅛ l) Speiseöl**
- **125 ml (⅛ l) Gemüsebrühe**
- **Salz**
- **frisch gemahlener Pfeffer**
- **4 EL milder Weißweinessig**

1 Für den Salat Linsen abspülen und abtropfen lassen. Anschließend mit Gemüsebrühe zum Kochen bringen und etwa 45 Minuten darin garen (sie sollten noch etwas Biss haben).

2 In der Zwischenzeit Gemüsezwiebel, Möhren, Sellerie und Porree putzen, schälen und waschen, anschließend in feine Würfel oder Streifen schneiden. Gemüsewürfel etwa 10 Minuten vor Ende der Garzeit zu den Linsen geben und mitkochen lassen.

3 Danach alles auf ein Sieb geben, Gemüsebrühe dabei auffangen. Das Linsengemüse unter fließendem kalten Wasser abschrecken und gut abtropfen lassen. Zutaten erkalten lassen.

4 Für das Dressing Mayonnaise und Senf vermischen und Öl nach und nach unterschlagen. Aufgefangene Gemüsebrühe abmessen, unterrühren und das Dressing mit Salz, Pfeffer und Essig würzen.

5 Das Dressing mit dem Salat vermischen, gut durchziehen lassen und bis zum Servieren kalt stellen.

Tipp:
Dazu kleine, ofenwarme Zwiebelbrötchen servieren.

Weizenkörnersalat mit Schafkäse

Zubereitungszeit: 90 Min., ohne Einweichzeit

Pro Portion:
E: 15 g, F: 24 g, Kh: 32 g, kJ: 1781, kcal: 426

- **450 g Weizenkörner**
- **2 l Wasser**
- **Salz**
- **1 kg Möhren**
- **2–3 grüne Paprikaschoten**
- **2–3 gelbe Paprikaschoten**
- **2 Bund Frühlingszwiebeln**
- **8–9 Tomaten**
- **600 g Schafkäse**

Für die Sauce:

- **125 ml (1/8 l) Weißweinessig**
- **75 ml Mineralwasser**
- **3 TL körniger Senf**
- **Salz**
- **etwas Zucker**
- **frisch gemahlener Pfeffer**
- **150 ml Olivenöl**

1 Weizenkörner abspülen und über Nacht in dem Wasser einweichen.

2 Weizenkörner mit der Einweichflüssigkeit und Salz zugedeckt etwa 25 Minuten kochen lassen. Sie dann auf einem Sieb abtropfen und abkühlen lassen.

3 In der Zwischenzeit Möhren putzen, schälen, waschen und in Stifte schneiden. Paprikaschoten halbieren, entstielen, entkernen, die weißen Scheidewände entfernen, Schoten waschen und in Würfel schneiden.

4 Frühlingszwiebeln putzen, waschen, abtropfen lassen und in Ringe schneiden. Tomaten waschen, abtrocknen, Stängelansätze herausschneiden und die Tomaten vierteln oder achteln. Schafkäse in Würfel schneiden. Die vorbereiteten Zutaten mit den Weizenkörnern mischen.

5 Für die Sauce Essig, Mineralwasser, Senf, Salz, Zucker und Pfeffer verrühren und Öl unterrühren. Sauce mit den Salatzutaten vorsichtig mischen, gut durchziehen lassen und in einer Schüssel anrichten.

Tipp:
Anstelle von Weizenkörnern können auch Dinkel- oder Grünkernkörner verwendet werden.

Glasnudelsalat

Foto
Zubereitungszeit: 80 Min.

Pro Portion:
E: 3 g, F: 1 g, Kh: 9 g,
kJ: 1421, kcal: 339

- **1 kg Glasnudeln**
- **5 rote Paprikaschoten**
- **1 große Staude Sellerie**
- **3 Bund Frühlingszwiebeln**
- **2 grüne Chilischoten**
- **2–3 Bund Koriander**
- **frisch gemahlener Pfeffer**
- **etwas Sojasauce**

1 Glasnudeln in reichlich Wasser 3–5 Minuten kochen lassen, anschließend auf einem Sieb abtropfen lassen. Danach die Nudeln auf die gewünschte Länge schneiden (5–10 cm).

2 Paprikaschoten halbieren, entstielen, entkernen, die weißen Scheidewände entfernen, Schoten waschen und in feine Streifen schneiden. Staudensellerie putzen, waschen, harte Außenfäden abziehen, anschließend in dünne Scheibchen schneiden.

3 Paprikastreifen und Selleriescheiben 2 Minuten in kochendem Wasser blanchieren, anschließend auf einem Sieb abtropfen lassen.

4 Frühlingszwiebeln und Chilischoten putzen, waschen, abtropfen lassen und in feine Ringe schneiden. Koriander abspülen, trockentupfen, die Blättchen von den Stängeln zupfen und fein schneiden. Alle Zutaten in einer Schüssel vermengen und mit Pfeffer und Sojasauce würzen.

Schneller Mais-Paprika-Salat

Zubereitungszeit: 40 Min.

Pro Portion:
E: 4 g, F: 6 g, Kh: 19 g,
kJ: 638, kcal: 152

- **3 Dosen Mais (Einwaage je 340 g)**
- **je 5 grüne und rote Paprikaschoten**
- **1 kleines Glas Silberzwiebeln (Abtropfgewicht 185 g)**
- **1 Bund Petersilie**
- **Saft von 5 Zitronen**
- **etwas Zucker**
- **Salz**
- **frisch gemahlener Pfeffer**
- **4 EL Olivenöl**

1 Mais auf einem Sieb gut abtropfen lassen. Grüne und rote Paprika halbieren, entstielen, entkernen, die weißen Scheidewände entfernen, Schoten waschen, abtropfen lassen und in Streifen oder Würfel schneiden.

2 Silberzwiebeln abtropfen lassen. Petersilie abspülen und trockentupfen. Blättchen von den Stängeln zupfen, fein hacken und mi[t] Mais, Paprikawürfeln und Silberzwiebeln in einer großen Schüssel vermengen.

3 Zitronensaft mit Zucker, Salz, Pfeffer und Öl verrühren und mit dem Salat vermengen. Salat kur[z] durchziehen lassen und vor dem Ser[vieren] vieren nochmals mit Zucker, Salz und Pfeffer abschmecken.

Konfetti-Salat

Foto
Zubereitungszeit: 50 Min.

Pro Portion:
E: 2 g, F: 11 g, Kh: 4 g
kJ: 522, kcal: 124

Für den Salat:
- **3 Beutel gemischte Paprikaschoten (je etwa 500 g)**
- **2–3 große Zwiebeln**
- **3 Knoblauchzehen**

Für das Dressing:
- **75–100 ml Rotweinessig**
- **Salz, Pfeffer**
- **½ gestr. TL Zucker**
- **Paprikapulver edelsüß**
- **125 ml (⅛ l) Haselnussöl**

Zum Bestreuen:
- **2 Bund glatte Petersilie**

1 Für den Salat Paprikaschoten halbieren, entstielen, entkernen, weiße Scheidewände entfernen, Schoten waschen und fein würfeln.

2 Zwiebeln und Knoblauch abziehen. Zwiebeln in feine Würfel schneiden, Knoblauch fein hacken und alles in eine Schüssel geben.

3 Für das Dressing Essig, Salz, Pfeffer, Zucker und Paprikapulver gut verrühren, Öl unterrühren und das Dressing mit den Salatzutaten vermischen.

4 Zum Bestreuen Petersilie abspülen, trockentupfen, die Blättchen von den Stängeln zupfen und hacken. Den Salat vor dem Servieren damit bestreuen.

Tipp:
Die Paprika nach Farben getrennt lassen, auf einer Platte dekorativ anrichten und das Dressing darüber geben.

Fenchel-Birnen-Salat

Zubereitungszeit: 60 Min.

Pro Portion:
E: 6 g, F: 13 g, Kh: 15 g,
kJ: 856, kcal: 205

- **6 Fenchelknollen mit Grün**
- **6 große, reife Birnen**
- **3 Bund Frühlingszwiebeln**
- **Saft von 1 Zitrone**

- **2 Becher (je 125 g) Kräuter Crème fraîche**
- **250 g Doppelrahm-Frischkäse**
- **3 EL Tomatenketchup**
- **5–6 EL Weißweinessig**
- **Salz, Pfeffer**
- **etwas Zucker**

Zum Garnieren:
- **einige Cherrytomaten (Kirschtomaten)**

1 Vom Fenchel die Stiele dicht oberhalb der Knollen abschneiden, Wurzelenden gerade schneiden und etwas vom Grün zum Garnieren beiseite legen. Knollen waschen, halbieren und in Streifen schneiden.

2 Birnen schälen, achteln, entkernen, in Scheiben schneiden und mit Zitronensaft beträufeln. Frühlingszwiebeln putzen, waschen und in Ringe schneiden. Fenchel, Birnen und Frühlingszwiebeln in einer Schüssel vermischen.

3 Crème fraîche, Frischkäse, Tomatenketchup und Essig gut verrühren und mit Salz, Pfeffer und Zucker würzen. Fenchel, Birnen und Zwiebelringe mit dem Dressing vermengen und den Salat mit Cherrytomaten und Fenchelgrün garnieren.

Das sind einfallsreiche Rezepte, nach denen man Sie garantiert fragen wird.

Leckeres aus Topf & Pfanne

Gemüse-Crêpes

etwa 24 Stück
Zubereitungszeit: 100 Min.

Pro Stück:
E: 5 g, F: 14 g, Kh: 15 g, kJ: 912, kcal: 218

Für die Crêpes:
- **400 g Weizenmehl**
- **4 Eier (Größe M)**
- **400 ml Milch**
- **Salz**
- **geriebene Muskatnuss**

- **100 ml Speiseöl**

Für die Füllung:
- **je 2 rote und grüne Paprikaschoten (etwa 700 g)**
- **3 Möhren (etwa 300 g)**
- **1 Gemüsezwiebel (etwa 200 g)**
- **300 g Champignons**
- **2 Becher (je 150 g) Crème fraîche**
- **Salz**
- **frisch gemahlener Pfeffer**
- **100–150 g Butter oder Margarine**

1 Für die Crêpes Mehl in eine Schüssel sieben, mit Eiern, Milch, Salz und Muskat zu einer klümpchenfreien Masse verrühren und etwa 20 Minuten stehen lassen.

2 In einer kleinen beschichteten Pfanne Öl erhitzen, darin nach und nach etwa 24 dünne Pfannkuchen backen und warm stellen.

3 Für die Füllung Paprikaschoten halbieren, entstielen, entkernen, weiße Scheidewände entfernen und Schoten waschen.

4 Möhren putzen, schälen und waschen, Gemüsezwiebel abziehen, Champignons putzen und in Scheiben schneiden. Paprikaschoten und Möhren in feine Streifen, Zwiebel in kleine Würfel schneiden.

5 Die Gemüsezutaten in Butter oder Margarine andünsten, salzen und pfeffern. Crème fraîche hinzufügen und noch 5 Minuten bei schwacher Hitze köcheln lassen.

6 Die Gemüsefüllung auf die Crêpes geben und einrollen.

Kartoffelgulasch mit Frühlingszwiebeln

Zubereitungszeit: 100 Min.

Pro Portion:
E: 7 g, F: 9 g, Kh: 36 g, kJ: 1098, kcal: 262

- **2,4 kg fest kochende Kartoffeln**
- **4 Bund Frühlingszwiebeln**
- **5 EL Olivenöl**
- **1 gestr. EL Paprikapulver edelsüß**
- **4 EL Tomatenmark**
- **500 ml (1/2 l) Gemüsebrühe**
- **1 Dose Sauerkraut (Abtropfgewicht 800 g)**
- **Salz**
- **frisch gemahlener Pfeffer**
- **gemahlener Kümmel**
- **2 Bund glatte Petersilie**
- **400 g saure Sahne**

1 Kartoffeln waschen, schälen, abspülen und grob würfeln.

2 Frühlingszwiebeln putzen, waschen und in etwa 2 cm lange Stücke schneiden.

3 Öl in einem Bräter erhitzen, Frühlingszwiebeln und Kartoffeln darin leicht anbraten und mit Paprikapulver bestäuben. Tomatenmark hinzugeben, verrühren und Gemüsebrühe dazugießen. Sauerkraut hinzufügen und gut verteilen.

4 Die Zutaten mit Salz, Pfeffer und Kümmel würzen und zugedeckt etwa 50 Minuten bei schwacher Hitze kochen lassen.

5 Petersilie abspülen und trockentupfen. Blätter von den Stängeln zupfen und grob hacken. Petersilie zum Kartoffelgulasch geben. Kartoffelgulasch mit saurer Sahne verfeinern und servieren.

Tipp:
Geben Sie noch einige grüne gefüllte Oliven dazu.
Als Beilage warmes Zwiebelbrot reichen.

Chinesische Gemüsepfanne

Zubereitungszeit: 100 Min.

Pro Portion:
E: 13 g, F: 9 g, Kh: 31 g,
kJ: 1119, kcal: 267

- **30–40 g getrocknete chinesische Pilze (z. B. Mu-err)**
- **je 3 kleine rote und grüne Paprikaschoten**
- **1 kg Blumenkohl (vorbereitet gewogen)**
- **1 Salatgurke**
- **600 g Möhren**
- **1 Dose Mais (Abtropfgewicht 400 g)**
- **1 Dose Kidney-Bohnen (Einwaage 400 g)**
- **2–3 Zwiebeln**
- **2–3 Knoblauchzehen**
- **75 ml Sesamöl**
- **1–2 EL fein gewürfelter frischer Ingwer**
- **1 gestr. EL 5-Gewürzpulver**
- **Salz**
- **frisch gemahlener Pfeffer**
- **250 ml (1/4 l) Gemüsebrühe**
- **5–6 EL Tomatenketchup**
- **5–6 EL süße Chilisauce**
- **8–9 EL indonesische Sojasauce (Ketjab Manis)**
- **1 gestr. EL Speisestärke**
- **375 g Sojabohnensprossen**
- **etwas Sambal Oelek**

1 Die Pilze nach Packungsanleitung in heißem Wasser einweichen. Paprikaschoten halbieren, entstielen, entkernen, weiße Scheidewände entfernen, die Schoten waschen und in Würfel schneiden.

2 Den Blumenkohl in kleine Röschen teilen, waschen und in Salzwasser 2–3 Minuten vorgaren. Salatgurke waschen, längs halbieren und in Scheiben schneiden. Möhren putzen, schälen, waschen und würfeln. Mais abtropfen lassen. Bohnen auf einem Sieb abspülen und abtropfen lassen. Zwiebeln und Knoblauchzehen abziehen und würfeln. Eingeweichte Pilze abtropfen lassen und klein schneiden.

3 Das Öl in einem Wok oder einem weiten Topf erhitzen und Gemüse, Pilze und Ingwer etwa 3 Minuten unter Rühren braten, mit 5-Gewürzpulver, Salz und Pfeffer würzen. Gemüsebrühe zugeben und zugedeckt etwa 5 Minuten garen, zwischendurch umrühren.

4 Ketchup, Chili- und Sojasauce mit Speisestärke verrühren, in das Gemüse rühren und kurz aufkochen lassen. Die Sojabohnensprossen abspülen, dazugeben, 1 Minute mitgaren lassen und alles mit etwas Sambal Oelek würzen.

Tipp:
Das Gericht je nach Größe des Woks in 2 Portionen zubereiten.
Dazu Reis servieren.
5-Gewürzpulver besteht aus Anispulver, Sichuanpfeffer, Nelken, Zimt und Süßholz. In Asialäden gibt es die Mischung fertig in Beuteln.

Weisskohlrouladen mit Spinat

Zubereitungszeit: 2¼ Std.

Pro Portion:
E: 6 g, F: 11 g, Kh: 21 g,
kJ: 893, kcal: 213

- **450–500 g TK-Blattspinat**
- **1 Weißkohl**
- **1 Gemüsezwiebel (etwa 200 g)**
- **80 g Butter**
- **Salz**
- **frisch gemahlener Pfeffer**
- **1,2 kg fest kochende Kartoffeln**
- **3 dicke Möhren (etwa 300 g)**
- **2 Bund Majoran**

- **etwas Küchengarn**

- **5 EL Speiseöl**
- **500 ml (½ l) Gemüsebrühe**

1 Blattspinat in einer Schüssel auftauen lassen. Vom Weißkohl die groben äußeren Blätter lösen. Kohl abspülen, Strunk herausschneiden und Kohl in reichlich Wasser etwa 20 Minuten garen. Danach mit kaltem Wasser abschrecken und 6 Blätter vorsichtig vom Kopf lösen, damit sie nicht beschädigt werden. Kohl nochmals 10 Minuten garen, abschrecken und weitere 6 Blätter lösen.

2 Aufgetauten Blattspinat auf einem Sieb abtropfen lassen. Gemüsezwiebel abziehen, in kleine Würfel schneiden, mit dem Spinat in Butter andünsten und anschließend mit Salz und Pfeffer würzen.

3 Kartoffeln und Möhren waschen, schälen, abspülen und fein würfeln. Majoran abspülen, trockentupfen und klein schneiden.

4 Die Rippen der Weißkohlblätter flach schneiden und die Blätter mit Salz und Pfeffer bestreuen. Blätter mit Spinat füllen, zu einer Roulade rollen oder falten und mit Küchengarn fest schnüren.

5 Öl in einem Bräter erhitzen und die Rouladen darin anbraten. Möhren- und Kartoffelwürfel dazugeben und einige Zeit mitbraten lassen. Gemüsebrühe hinzugießen und Rouladen etwa 45 Minuten zugedeckt schmoren lassen. Zum Schluss mit Majoran, Salz und Pfeffer würzen.

Tipp:
Restlichen Weißkohl zu Salat verarbeiten.

Käsespätzle-Gemüse-Rösti

24 Stück
Zubereitungszeit: 120 Min.

Pro Stück:
E: 8 g, F: 12 g, Kh: 16 g,
kJ: 879, kcal: 210

Für den Pfannkuchenteig:
- **300 g Weizenmehl**
- **3 Eier (Größe M)**
- **1 Prise Salz**
- **250 ml (1/4 l) Milch**

Für die Käsespätzle:
- **1,2 kg Spätzle**
- **4 Möhren (etwa 400 g)**
- **1 kleine Stange Porree (Lauch, etwa 300 g)**

- **200 g Butter oder Margarine**
- **Salz**
- **frisch gemahlener Pfeffer**
- **geriebene Muskatnuss**
- **200 g geriebener Parmesankäse**

1 Für den Pfannkuchenteig Mehl in eine Schüssel sieben und in die Mitte eine Vertiefung drücken. Eier mit Salz und Milch verschlagen und etwas davon in die Vertiefung geben. Von der Mitte aus Eierflüssigkeit und Mehl verrühren und nach und nach die übrige Eierflüssigkeit hinzufügen, dabei darauf achten, dass keine Klümpchen entstehen.

2 Für die Käsespätzle Spätzle in reichlich Wasser nach Packungsanleitung bissfest kochen, anschließend auf einem Sieb abtropfen lassen.

3 Möhren putzen, schälen und waschen. Porree putzen, halbieren und waschen. Beide Gemüsezutaten in sehr feine Streifen schneiden und in Salzwasser 2 Minuten blanchieren, anschließend abgießen.

4 In einer kleinen beschichteten Pfanne etwas von der Butter oder Margarine erhitzen, einen Teil der Spätzle, Möhren und Lauch darin anbraten, mit Salz, Pfeffer und Muskat würzen, wenig Pfannkuchenteig gleichmäßig darüber gießen, etwas Parmesan darüber streuen und unter Wenden zu einer „Rösti“ braten. Diesen Vorgang wiederholen, bis alle Zutaten verbraucht sind (ergibt etwa 24 Stück).

5 Die fertigen Rösti während des Bratens der restlichen zugedeckt im vorgeheizten Backofen warm stellen.

Tipp:
Dazu Blattsalat servieren.

Gemüsekasserolle mit Maiskölbchen

Zubereitungszeit: 80 Min., ohne Auftauzeit

Pro Portion:
E: 11 g, F: 8 g, Kh: 33 g, kJ: 1084, kcal: 258

- **720 g TK-Brechbohnen**
- **720 g TK-Erbsen**
- **720 g TK-Möhren, gewürfelt oder in Scheiben**
- **1 kg gekochte Kartoffeln**
- **1 Bund Schnittlauch**
- **1 Bund Petersilie**
- **1 Bund Kerbel**
- **5 EL Speiseöl**
- **12 kleine Maiskölbchen (ersatzweise 350 g Maiskörner)**
- **Salz**
- **frisch gemahlener Pfeffer**
- **120 g geriebener Parmesankäse**

1 TK-Brechbohnen, -Erbsen und -Möhren in einer Schüssel auftauen lassen. Kartoffeln in Würfel schneiden.

2 Schnittlauch, Petersilie und Kerbel abspülen und trockentupfen. Schnittlauch in feine Röllchen schneiden. Petersilie und Kerbel von den Stängeln zupfen und die Blättchen fein hacken.

3 Öl in einem großen Topf erhitzen. Gemüse und Kartoffelwürfel mit den Kräutern darin andünsten und unter gelegentlichem Rühren gut 10 Minuten schmoren lassen.

4 Zum Schluss Maiskölbchen hinzufügen, Gemüse mit Salz und Pfeffer würzen und vor dem Servieren mit Parmesankäse bestreuen.

Tipp:
Die Gemüsekasserolle kann natürlich auch mit frischem Gemüse zubereitet werden. Die einzelnen Gemüse sollten dann aber nach dem Putzen getrennt voneinander in Salzwasser kurz blanchiert werden.
Sie können zur Abwechslung auch andere TK-Gemüsemischungen verwenden.

Pilzragout mit kleinen Semmelknödeln

Zubereitungszeit: 100 Min.

Pro Portion:
E: 11 g, F: 26 g, Kh: 37 g, kJ: 1899, kcal: 453

Für das Pilzragout:

- **1,5 kg frische Pilze (Champignons, Austernpilze, Pfifferlinge, je 500 g)**
- **3 Zwiebeln**
- **1 Bund Thymian**
- **4 EL Speiseöl**
- **Salz**
- **frisch gemahlener Pfeffer**
- **2 Becher (je 150 g) Crème fraîche**

Für die Semmelknödel:

- **12 Brötchen vom Vortag**
- **500 ml (1/2 l) Milch**
- **4 Eier (Größe M)**
- **50 g Speisestärke**
- **2 Pck. gehackte TK-Petersilie**
- **Salz**
- **geriebene Muskatnuss**

Zum Anbraten:

- **200 g Butter oder Margarine**

1 Für das Pilzragout Pilze putzen, mit Küchenpapier abreiben und größere Pilze etwas klein schneiden.

2 Zwiebeln abziehen und fein würfeln. Thymian abspülen, trockentupfen und Blättchen von den Stängeln zupfen.

3 Zwiebelwürfel und Pilzstücke in Öl kräftig anbraten, mit Salz, Pfeffer und Thymian würzen, Crème fraîche hinzufügen und etwa 15 Minuten bei schwacher Hitze köcheln lassen.

4 Für die Semmelknödel Brötchen in Würfel schneiden und in eine große Schüssel geben. Milch erwärmen, die Würfel damit übergießen und etwa 10 Minuten einweichen lassen. Eier, Speisestärke und Petersilie hinzufügen und alles kräftig verkneten. Mit Salz und Muskatnuss würzen.

5 Aus der Masse 25–30 kleine Knödel formen und in siedendem Wasser 12–15 Minuten ziehen lassen. Danach herausnehmen, abtropfen lassen, in Butter oder Margarine anbraten und mit dem Pilzragout servieren.

Tipp:
Anstelle der angegebenen Pilze können natürlich auch andere Sorten verwendet werden, z. B. Steinpilze, Maronenröhrlinge.
Semmelknödel können als Fertigprodukt gekauft werden, die Menge richtet sich nach Personenzahl bzw. Packungsangabe.
Frische Champignons und Pfifferlinge können auch durch Pilze aus der Dose ersetzt werden.

Frühlingsgemüse mit Penne

Foto
Zubereitungszeit: 120 Min.

Pro Portion:
E: 16 g, F: 11 g, Kh: 64 g, kJ: 1843, kcal: 440

- **1,2 kg weißer Spargel**
- **1,2 kg grüner Spargel**
- **600 g junge kleine Möhren**
- **600 g Kaiserschoten (Erbsenschoten)**
- **100 g Rucolasalat**
- **1 kg Penne (Nudeln)**
- **120 g Butter**
- **Salz, Pfeffer**
- **2 Bund Kerbel**

1 Spargel schälen, grünen Spargel nur im unteren Drittel schälen, evtl. holzige Enden abschneiden und in etwa 5 cm lange Stücke schneiden.

2 Möhren unter fließendem Wasser gründlich reinigen (das Schälen entfällt bei jungen Möhren).

3 Kaiserschoten und Rucola putzen, waschen und abtropfen lassen. Spargel, Möhren und Kaiserschoten nacheinander jeweils 5–10 Minuten in Salzwasser bissfest kochen.

4 Penne in reichlich Salzwasser nach Packungsanleitung bissfest kochen, abgießen und abtropfen lassen.

5 Das vorbereitete Gemüse und die Nudeln in heißer Butter dünsten, mit Salz und Pfeffer würzen und mit abgespülten, trockengetupften und gezupften Kerbelblättchen bestreuen.

Tipp:
Anstatt in Butter geschwenkt kann dieses Gericht auch mit 400 g saurer Sahne und frischen oder TK-Kräutern zubereitet werden.

Spinatgemüse mit Pinienkernen

Zubereitungzeit: 80 Min.

Pro Portion:
E: 13 g, F: 18 g, Kh: 55 g, kJ: 1844, kcal: 440

- **300 g Korinthen**
- **500 g Langkornreis**
- **6–8 Tomaten**
- **2,5 kg Blattspinat**
- **5–6 Knoblauchzehen**
- **1 geh. TL Salz**
- **100 ml Olivenöl**
- **Saft von 3 Zitronen**
- **400 ml Gemüsebrühe**
- **Salz**
- **frisch gemahlener Pfeffer**
- **geriebene Muskatnuss**
- **Cayennepfeffer**
- **etwas Zucker**
- **2 Bund Zitronenmelisse**
- **200 g Pinienkerne**

1 Korinthen in etwas kaltem Wasser einweichen. Reis nach Packungsanleitung bissfest kochen, abgießen und auf einem Sieb abtropfen lassen. Tomaten waschen, abtropfen lassen, kreuzweise einschneiden und kurz in kochendes Wasser legen. Tomaten in kaltem Wasser abschrecken, enthäuten, Stängelansätze entfernen und Fruchtfleisch würfeln.

2 Spinat verlesen, waschen, gut abtropfen lassen und etwas klein schneiden. Knoblauch abziehen, durch eine Knoblauchpresse drücken und mit Salz vermischen.

3 Öl in einem großen Topf erhitzen. Knoblauch kurz darin andünsten und Spinat dazugeben. Zitronensaft dazugeben und den Spinat etwa 5 Minuten dünsten.

(Fortsetzung Seite 92)

4 Brühe dazugießen und Spinat mit Salz, Pfeffer, Muskatnuss, Cayennepfeffer und Zucker kräftig würzen. Korinthen abgießen, mit Tomatenwürfeln und Reis hinzufügen und alles noch 5 Minuten garen.

5 Zitronenmelisse abspülen, trockentupfen, die Blättchen von den Stängeln zupfen und fein schneiden. Das Spinatgemüse nochmals kräftig abschmecken und die Zitronenmelisse unterrühren. Pinienkerne in einer Pfanne ohne Fett anrösten und ebenfalls hinzufügen.

Couscous mit Gemüse

Zubereitungszeit: 100 Min.

Pro Portion:
E: 5 g, F: 15 g, Kh: 18 g, kJ: 987, kcal: 236

- **5–6 Knoblauchzehen**
- **5–6 Zwiebeln**
- **750 g Zucchini**
- **3 Auberginen (etwa 1 kg)**
- **12–15 Fleischtomaten**
- **750 g Kürbis**
- **600 g Möhren**
- **150 ml Olivenöl**
- **Salz**
- **frisch gemahlener Pfeffer**
- **2 Döschen (je 0,2 g) Safran**
- **etwas gemahlener Zimt**
- **1 gestr. EL Paprika edelsüß**
- **2–3 EL Harissa (afrikanische Gewürzpaste)**
- **gemahlene Nelken**
- **Cumin (Kreuzkümmel)**

- **750 g Couscous**
- **900 ml heiße Gemüsebrühe**

Zum Bestreuen:
- **2 Bund glatte Petersilie**

1 Knoblauch und Zwiebeln abziehen und in feine Würfel schneiden.

2 Zucchini und Auberginen waschen und die Enden abschneiden. Das Fruchtfleisch in Würfel schneiden. Fleischtomaten waschen, Stängelansätze herausschneiden, Fruchtfleisch in Würfel schneiden. Kürbis und Möhren schälen, abspülen und in Würfel schneiden.

3 In einem großen, weiten Topf Olivenöl erhitzen, nach und nach Knoblauch, Zwiebeln, Zucchini, Auberginen, Kürbis, Möhren und Tomaten anbraten. Mit Salz, Pfeffer, Safran, Zimt, Paprika, Harissa, Nelken und Cumin würzen und etwa 15 Minuten bei schwacher Hitze schmoren lassen. Dabei gelegentlich umrühren.

4 Inzwischen Couscous in einen Topf geben, mit heißer Gemüsebrühe übergießen und zugedeckt bei schwacher Hitze 15 Minuten quellen lassen. Couscous mit 2 Gabeln auflockern, auf Teller oder in Schüsseln verteilen und das Gemüse darüber geben.

5 Petersilie abspülen, trockentupfen, fein schneiden, Couscous damit bestreuen und servieren.

Tipp:
Safran ist ein stark färbendes Gewürz mit einer besonderen, leicht bitteren Aromanote. Es findet beim Kochen und Backen Verwendung.

HARISSA
Le Flambeau
du CAP BON

Glaciertes Wurzelgemüse in Rosinensauce

Zubereitungszeit: 120 Min.

Pro Portion:
E: 5 g, F: 9 g, Kh: 47 g,
kJ: 1211, kcal: 289

Für das Wurzelgemüse:

- **1 Knolle Sellerie (etwa 1 kg)**
- **1,2 kg Möhren**
- **1 Staude Sellerie (etwa 700 g)**
- **4 Bund Frühlingszwiebeln**
- **600 g kleine Schalotten**

Für die Sauce:

- **250 g helle Rosinen**
- **200 ml lauwarmes Wasser**
- **120 g Butter oder Margarine**
- **100 g Zucker**
- **6 EL Balsamico-Essig**
- **Salz**
- **frisch gemahlener Pfeffer**
- **nach Belieben etwas Saucenbinder**

Zum Bestreuen:

- **2 Bund glatte Petersilie**

1 Für das Wurzelgemüse Sellerieknolle und Möhren gründlich putzen, schälen und waschen. Staudensellerie putzen, waschen, die harten Außenfäden abziehen und die Zutaten in gleich große Stifte schneiden.

2 Frühlingszwiebeln putzen, waschen und das Grün der Frühlingszwiebeln entfernen. Schalotten abziehen.

3 Salzwasser zum Kochen bringen, Gemüsestifte und Schalotten 5–10 Minuten darin bissfest kochen. Anschließend Frühlingszwiebeln 2 Minuten blanchieren.

4 Für die Sauce Rosinen 15–20 Minuten im Wasser einweichen.

5 Butter oder Margarine in einem Bräter erhitzen und Zucker darin ganz leicht karamellisieren. Gemüse und Rosinen mit Einweichwasser hinzufügen und darin schwenken.

6 Gemüse herausnehmen und Sauce mit Essig, Salz und Pfeffer würzen, etwas einkochen lassen oder nach Belieben mit etwas Saucenbinder binden.

7 Petersilie abspülen, trockentupfen, die Blätter von den Stängeln zupfen und grob hacken. Die Sauce vor dem Servieren damit bestreuen.

Tipp:
Helle Rosinen sind geschwefelt, um die Haltbarkeit zu erhöhen. Deshalb empfiehlt es sich, die Rosinen vor der Verwendung mit heißem Wasser abzuspülen.

Indisches Currygemüse

Zubereitungszeit: 100 Min.

Pro Portion:
E: 11 g, F: 21 g, Kh: 78 g,
kJ: 2268, kcal: 541

Für die Currysauce:

- **1 Zwiebel (etwa 100 g)**
- **2 Äpfel (etwa 200 g)**
- **80 g Butter oder Margarine**
- **2 gestr. EL Currypulver**
- **2 gestr. EL Weizenmehl**
- **250 ml (1/4 l) Schlagsahne**
- **200 ml Gemüsebrühe**
- **Salz**
- **frisch gemahlener Pfeffer**

Für das Gemüse:

- **2 Dosen Bambussprossen in Streifen (Abtropfgewicht je 230 g)**
- **2 Dosen Sojabohnenkeimlinge (Abtropfgewicht je 230 g)**
- **3 dicke Möhren (etwa 300 g)**
- **300 g Kaiserschoten (Erbsenschoten)**
- **900 g Langkornreis**
- **100 g Butter oder Margarine**
- **250 g Mango-Chutney**

1 Für die Currysauce Zwiebel abziehen und fein würfeln. Äpfel waschen, schälen, halbieren, vierteln, Kerngehäuse entfernen und Äpfel würfeln.

2 Butter oder Margarine erhitzen, Zwiebel- und Apfelwürfel darin andünsten und mit Currypulver und Mehl bestäuben. Alles verrühren, Sahne und Gemüsebrühe hinzugießen und etwa 15 Minuten unter gelegentlichem Rühren kochen lassen. Anschließend mit Salz und Pfeffer würzen.

3 Für das Gemüse Bambussprossen und Sojabohnenkeimlinge auf einem Sieb abtropfen lassen.

4 Möhren putzen, schälen, abspülen und in feine Streifen schneiden. Kaiserschoten putzen und waschen. Anschließend Kaiserschoten und Möhren in kochendem Salzwasser etwa 2 Minuten bissfest kochen, in kaltem Wasser abschrecken und abtropfen lassen.

5 Reis in reichlich Wasser etwa 15 Minuten garen, danach auf ein Sieb geben und ebenfalls abtropfen lassen.

6 Butter oder Margarine erhitzen Gemüse mit Mango-Chutney und Reis darin anbraten, auf Tellern anrichten und mit heißer Currysauce umgießen.

Aus dem Backofen

Sie bereiten alles vor und der Ofen macht den Rest, während Sie die Gäste begrüßen und ihnen schon mal den Mund wässrig machen.

Zucchini mit Kürbis-Paprika-Gemüse

Zubereitungszeit: 120 Min.

Pro Portion:
E: 6 g, F: 8 g, Kh: 40 g, kJ: 1047, kcal: 249

- **12 kleine Zucchini (etwa 1,2 kg)**

Für die Füllung:

- **500 g Langkornreis**
- **1 Dose Tomaten (Einwaage 400 g)**
- **1 Bund glatte Petersilie**
- **getrockneter Thymian**
- **getrockneter Majoran**
- **Salz**
- **frisch gemahlener Pfeffer**

Für das Gemüse:

- **1 Glas Kürbisstücke (Abtropfgewicht etwa 400 g)**
- **je 4 rote und grüne Paprikaschoten (etwa 800 g)**
- **2 mittelgroße Zwiebeln**
- **4 EL Olivenöl**
- **3 EL Tomatenmark**
- **400 ml Gemüsebrühe**

- **3 EL Olivenöl**

1 Zucchini waschen, Enden abschneiden und die Zucchini längs halbieren. Eine dünne Standfläche abschneiden und die Zucchinihälften in Salzwasser 5 Minuten kochen. Anschließend mit Hilfe eines Teelöffels etwas Fruchtfleisch herausschaben, dabei darauf achten, dass eine gleichmäßig starke Wand bestehen bleibt. Das herausgenommene Fruchtfleisch klein schneiden.

2 Für die Füllung den Reis in 12–15 Minuten bissfest kochen und auf einem Sieb abtropfen lassen. Tomaten ebenfalls abtropfen lassen und klein schneiden. Tomatenstücke mit Reis, Zucchinifleisch, abgespülten, trockengetupften, fein gehackten Kräutern mischen und mit Salz und Pfeffer würzen. Ausgehöhlte Zucchinihälften mit der Mischung füllen.

(Fortsetzung Seite 100)

3 Für das Gemüse Kürbisstücke auf einem Sieb abtropfen lassen und die Stücke nochmals halbieren. Paprikaschoten halbieren, entstielen, entkernen, die weißen Scheidewände entfernen, die Schoten waschen und in grobe Würfel schneiden.

4 Zwiebeln abziehen, würfeln und mit den Paprikastücken in einer großen Auflaufform in Olivenöl anbraten. Mit Tomatenmark vermischen, Gemüsebrühe dazugießen und vermengen. Die gefüllten Zucchinihälften darauf setzen, mit Olivenöl beträufeln und die Form auf dem Rost in den Backofen schieben.

Ober-/Unterhitze:
etwa 180 °C (vorgeheizt)
Heißluft: etwa 160 °C
(nicht vorgeheizt)
Gas: Stufe 2–3 (nicht vorgeheizt)
Garzeit: etwa 40 Min.

5 Zehn Minuten vor Ende der Garzeit Kürbisstücke hinzufügen. Gemüse abschmecken.

Spätzle-Broccoli-Auflauf

Zubereitungszeit: 100 Min.

Pro Portion:
E: 33 g, F: 41 g, Kh: 26 g,
kJ: 2701, kcal: 645

- **75 g getrocknete Mu-err-Pilze**
- **1,2 kg Spätzle**
- **3 EL Speiseöl**
- **2 kg Broccoli**
- **1 kg Champignons**
- **100 ml Olivenöl**
- **2–3 Bund Frühlingszwiebeln**
- **750 g Naturjoghurt**
- **12 Eier (Größe M)**
- **Salz**
- **frisch gemahlener Pfeffer**
- **geriebene Muskatnuss**
- **450 g geriebener Höhlenkäse**
- **150 g abgezogene, gehobelte Mandeln**

1 Mu-err-Pilze mit kochendem Wasser übergießen und 30 Minuten darin einweichen lassen.

2 In der Zwischenzeit Spätzle in kochendem Salzwasser mit Öl nach Packungsanleitung bissfest garen, abgießen, auf ein Sieb geben und abtropfen lassen.

3 Vom Broccoli die Blätter entfernen, die Stängel am Strunk schälen, bis kurz vor den Röschen kreuzförmig einschneiden und waschen. Broccoli in kochendem Salzwasser etwa 5 Minuten garen, kurz in eiskaltes Wasser legen und abtropfen lassen.

4 Champignons putzen, mit Küchenpapier abreiben, evtl. abspülen, vierteln und in erhitztem Öl anbraten.

5 Frühlingszwiebeln putzen, waschen, in 1 cm lange Stücke schneiden, zu den Champignons geben und kurz mit erhitzen.

6 Pilze abtropfen lassen und evtl. etwas zerkleinern. Nudeln, Pilze und Gemüse mischen und in zwei gefettete Auflaufformen oder eine gefettete Fettfangschale füllen.

7 Joghurt mit Eiern verrühren, kräftig mit Salz, Pfeffer und Muskat würzen, über den Auflauf verteilen und mit Käse und Mandeln bestreuen. Die Formen auf dem Rost, die Fettfangschale ohne Rost in den Backofen schieben.

Ober-/Unterhitze:
etwa 200 °C (vorgeheizt)
Heißluft: etwa 180 °C (vorgeheizt)
Gas: Stufe 3–4 (vorgeheizt)
Garzeit: etwa 30 Min.

Pizza vom Blech

2 Bleche
Zubereitungszeit: 120 Min.

Pro Portion:
E: 21 g, F: 22 g, Kh: 60 g,
kJ: 2306, kcal: 551

Für den Hefeteig:

- **800 g Weizenmehl (Type 405 oder 550)**
- **2 Pck. Trockenhefe**
- **450 ml lauwarmes Wasser**
- **4 EL Olivenöl**
- **2 TL Salz**

Für die Sauce:

- **4 Zwiebeln**
- **4 Knoblauchzehen**
- **4 EL Olivenöl**
- **500 g passierte Tomaten (Fertigprodukt)**
- **4 EL Tomatenmark**
- **2 EL gerebelter Oregano**
- **1 EL gerebeltes Basilikum**
- **1–2 TL Salz**
- **frisch gemahlener Pfeffer**

Für den Belag:

- **400 g Artischockenherzen (aus dem Glas)**
- **5 Tomaten**
- **250 g Champignons**
- **2 kleine Zucchini**
- **100 g schwarze Oliven**
- **4 EL abgetropfte Kapern**
- **250 g abgetropfter Mozzarella-Käse**
- **175 g Gouda**
- **150 g Gorgonzola**
- **2 EL gerebelter Oregano**

1 Für den Teig Mehl in eine Schüssel sieben und mit Hefe sorgfältig mischen. Wasser, Olivenöl und Salz hinzufügen und mit Handrührgerät mit Knethaken in etwa 5 Minuten zu einem glatten Teig verarbeiten. Den Teig zugedeckt so lange an einem warmen Ort stehen lassen, bis er sich sichtbar vergrößert hat.

2 Für die Sauce Zwiebeln und Knoblauch abziehen und fein würfeln. Olivenöl erhitzen, Zwiebel- und Knoblauchwürfel darin andünsten. Passierte Tomaten, Tomatenmark, Oregano, Basilikum, Salz und Pfeffer hinzufügen. Die Sauce aufkochen, 5 Minuten bei schwacher Hitze köcheln lassen und dann abkühlen lassen.

3 Den Teig leicht mit Mehl bestäuben, aus der Schüssel nehmen, auf der Arbeitsfläche kurz durchkneten, halbieren und auf zwei Backblechen (je 30 x 40 cm, gefettet) ausrollen.

4 Für den Belag Artischockenherzen abtropfen lassen und halbieren. Tomaten waschen und die Stängelansätze entfernen, Champignons putzen, mit Küchenpapier abreiben, evtl. waschen, Zucchini waschen, die Enden abschneiden und das Gemüse in Scheiben schneiden.

5 Oliven und Kapern bereitstellen. Die Tomatensauce auf den Teigen verteilen und verstreichen, das Gemüse, Oliven und Kapern auf der Tomatensauce verteilen.

6 Mozzarella in dünne Scheiben schneiden. Gouda raspeln. Gorgonzola in Würfel schneiden. Die Käsesorten auf dem Gemüse verteilen. Oregano darüber streuen und die Backbleche nacheinander (bei Heißluft zusammen) in den Backofen schieben.

Ober-/Unterhitze:
200–220 °C (vorgeheizt)
Heißluft: 180–200 °C (vorgeheizt)
Gas: etwa Stufe 4 (vorgeheizt)
Backzeit: 20–30 Min.

Tipp:
Die Pizza schmeckt auch sehr gut mit Vollkornmehl, dann Mehl nicht sieben und statt 450 ml 500 ml (1/2 l) Wasser verwenden.

Champignon-Zucchini-Auflauf

Zubereitungszeit: 120 Min.

Pro Portion:
E: 19 g, F: 28 g, Kh: 8 g,
kJ: 1594, kcal: 381

- **1,8 kg Zucchini**
- **750 g rote Paprikaschoten**
- **900 g Champignons**
- **2–3 EL Butter oder Margarine**
- **2 Töpfe Basilikum**
- **12 Eier (Größe M)**
- **150 ml Milch**
- **3 Becher (je 150 g) Crème fraîche**
- **Salz**
- **frisch gemahlener Pfeffer**
- **geriebene Muskatnuss**
- **5–6 Knoblauchzehen**
- **300 g geriebener mittelalter Gouda**

1 Zucchini waschen, Enden abschneiden und Zucchini in Scheiben schneiden. Paprikaschoten halbieren, entstielen, entkernen, die weißen Scheidewände entfernen, die Schoten waschen und in dünne Streifen schneiden.

2 Champignons mit Küchenpapier abreiben, evtl. abspülen und in dicke Scheiben schneiden. Butter oder Margarine in einem großen Topf zerlassen, die Champignon- und Zucchinischeiben kurz darin andünsten.

3 Die Paprikastreifen 1–2 Minuten in kochendem Salzwasser blanchieren und abtropfen lassen. Die Blättchen vom Basilikum abzupfen, abspülen, abtropfen lassen und in feine Streifen schneiden.

4 In eine gefettete Fettfangschale abwechselnd Champignon- und Zucchinischeiben, Paprikastreifen und Basilikum einschichten.

5 Eier mit Milch und Crème fraîche verrühren und mit Salz, Pfeffer und Muskat kräftig würzen. Knoblauch abziehen, durch eine Knoblauchpresse drücken und unterrühren.

6 Die Eiermilch über das Gemüse geben, Gouda darüber streuen und die Fettfangschale in den Backofen schieben.

Ober-/Unterhitze:
etwa 200 °C (vorgeheizt)
Heißluft: etwa 180 °C
(nicht vorgeheizt)
Gas: Stufe 3–4 (nicht vorgeheizt)
Garzeit: etwa 40 Min.

Wirsingrouladen mit Schafkäse

Zubereitungszeit: 100 Min., ohne Einweichzeit

Pro Portion:
E: 17 g, F: 22 g, Kh: 34 g, kJ: 1731, kcal: 414

Für die Füllung:
- **400 g Weizenkörner**
- **625 ml kaltes Wasser**
- **5 Zwiebeln**
- **5 Knoblauchzehen**
- **100 ml Olivenöl**
- **3 Eier (Größe M)**
- **180 g getrocknete Tomaten**
- **150 g schwarze Oliven, trocken eingelegt**
- **50 g Semmelbrösel**
- **600 g Schafkäse**
- **Salz**
- **frisch gemahlener Pfeffer**
- **etwas Thymian**

- **2 große Köpfe Wirsing (je 1–1½ kg)**

Für die Sauce:
- **3 Pck. Zwiebelsuppe (für je 750 ml Suppe)**
- **1800 ml Wasser**

1 Für die Füllung Weizenkörner über Nacht in dem Wasser einweichen.

2 Zwiebeln und Knoblauch abziehen, in feine Würfel schneiden und in heißem Öl andünsten. Die eingeweichten Weizenkörner abtropfen lassen, hinzufügen, aufkochen lassen, 15 Minuten bei schwacher Hitze zugedeckt garen und abkühlen lassen.

3 Eier, in dünne Streifen geschnittene Tomaten, entkernte, halbierte Oliven, Semmelbrösel und in Würfel geschnittenen Schafkäse hinzufügen, vermischen und mit Salz, Pfeffer und Thymian würzen.

4 Von den Wirsingköpfen die groben äußeren Blätter lösen, den Strunk herausschneiden, Wirsing abspülen und abtropfen lassen. Je Kopf 12 große Blätter ablösen und in kochendem Wasser 2 Minuten blanchieren, kalt abschrecken, abtropfen lassen und zu dicke Blattrippen etwas flach schneiden.

5 Die 24 Wirsingblätter mit der Körnermasse belegen und zum Stielende hin aufrollen, dabei die Seiten etwas einklappen. Rouladen mit der Naht nach unten in eine gefettete Fettfangschale legen.

6 Für die Sauce Zwiebelsuppe nach Packungsanleitung kochen, dabei aber nur je Packung 600 ml Wasser verwenden. Die Wirsingrouladen damit begießen und die Fettfangschale in den Backofens schieben.

Ober-/Unterhitze: etwa 200 °C (vorgeheizt, unterste Schiene)
Heißluft: etwa 180 °C (vorgeheizt)
Gas: Stufe 3–4 (vorgeheizt)
Garzeit: etwa 30 Min.

Auberginen-Tomaten-Pastete

Zubereitungszeit: 2½ Std., ohne Kühlzeit

Pro Portion:
E: 14 g, F: 23 g, Kh: 7 g, kJ: 1298, kcal: 310

Für die Pastete:

- **6 große Fleischtomaten (etwa 900 g)**
- **5 große Auberginen (etwa 1 kg)**
- **Saft von 1 Zitrone**
- **6 Pck. Mozzarella-Käse (Abtropfgewicht je 125 g)**
- **Salz**
- **frisch gemahlener Pfeffer**

Für den Salat:

- **1 Kopf Frisée**
- **1 Kopf Radicchio**
- **2 Chicorée**

Für das Dressing:

- **4 EL Sherry medium**
- **4 EL Balsamico-Essig**
- **Salz**
- **frisch gemahlener Pfeffer**
- **Saft von 2 Zitronen**
- **10 EL Olivenöl**

1 Für die Pastete Tomaten waschen, abtropfen lassen, kreuzweise einschneiden und kurz in kochendes Wasser legen. Tomaten in kaltem Wasser abschrecken, enthäuten, Stängelansätze entfernen, Tomaten vierteln und entkernen.

2 Auberginen waschen, die Stängelansätze abschneiden und die Haut abschälen, Auberginen in Scheiben schneiden und mit etwas Zitronensaft beträufeln, damit sie sich nicht so schnell verfärben.

3 Mozzarella abtropfen lassen und in gleichmäßige Scheiben schneiden.

4 Eine Pasteten- oder Kastenform (30 x 11 cm) mit Olivenöl einfetten. Pastetenzutaten der Reihe nach einschichten. Dazu ein Drittel Auberginenscheiben, Mozzarellascheiben und Tomatenviertel einschichten und diese Schichtung noch zweimal wiederholen. Jede Schicht mit Salz und Pfeffer würzen.

5 Die Form in einen Bräter setzen, Wasser 2 cm hoch in den Bräter gießen, die Form mit Alufolie zudecken und den Bräter auf dem Rost in den Backofen schieben.

Ober-/Unterhitze:
etwa 180 °C (vorgeheizt)
Heißluft: etwa 160 °C (nicht vorgeheizt)
Gas: Stufe 2–3 (nicht vorgeheizt)
Garzeit: etwa 90 Min.

6 Die Form aus dem Wasserbad nehmen, die Pastete mit einem passenden Schneidbrett und einem Gewicht beschweren, erkalten lassen und über Nacht kalt stellen.

7 Für den Salat die Salate putzen, waschen und abtropfen lassen.

8 Für das Dressing alle Zutaten außer Öl verrühren, Öl zuletzt nach und nach unterrühren.

9 Die gut gekühlte Pastete vorsichtig stürzen, in Scheiben schneiden und mit den Salaten und dem Dressing servieren.

Kartoffel-Bohnen-Gratin

Foto
Zubereitungszeit: 100 Min.

Pro Portion:
E: 19 g, F: 22 g, Kh: 26 g,
kJ: 1602, kcal: 382

- **1,2 kg kleine Kartoffeln**
- **1,2 kg TK-Brechbohnen**
- **4 Knoblauchzehen**
- **1 Bund Thymian**
- **100 g Butter oder Margarine**
- **Salz**
- **frisch gemahlener Pfeffer**
- **1 kg Schafkäse**
- **3 EL Sesamkörner**

1 Kartoffeln gründlich waschen, in Salzwasser garen, abgießen und noch warm pellen.

2 Brechbohnen in eine Schüssel geben und auftauen lassen.

3 Knoblauchzehen abziehen und fein würfeln. Thymian abspülen, trockentupfen, Blättchen von den Stängeln zupfen und hacken.

4 Butter oder Margarine erhitzen, Kartoffeln und Brechbohnen darin andünsten, Knoblauch und Thymian hinzufügen und mit Salz und Pfeffer würzen.

5 Schafkäse würfeln, mit Brechbohnen und Kartoffeln mischen, in eine Fettfangschale oder eine große Auflaufform füllen, mit Sesam bestreuen und die Fettfangschale ohne Rost, die Form auf dem Rost in den Backofen schieben.

Ober-/Unterhitze:
180–200 °C (vorgeheizt)
Heißluft: 160–180 °C (vorgeheizt)
Gas: etwa Stufe 3 (vorgeheizt)
Garzeit: etwa 15 Min.

Tipp:
Wer keinen Schafkäse mag, kann diesen durch Gouda oder Emmentaler Käse ersetzen.

Chinakohl-Gratin

Zubereitungszeit: 60 Min.

Pro Portion:
E: 9 g, F: 25 g, Kh: 4 g,
kJ: 1221, kcal: 292

- **3 Köpfe Chinakohl (je etwa 1 kg)**
- **3 l Gemüsebrühe**
- **100 g Butter**
- **2–3 Zwiebeln**
- **450 g saure Sahne**
- **3 EL gehackte Petersilie**
- **Salz, Pfeffer**
- **250 g geriebener Käse**

1 Chinakohl putzen, vierteln, waschen (er darf nicht auseinander fallen) und abtropfen lassen. Gemüsebrühe in einem großen Topf zum Kochen bringen. Kohl evtl. portionsweise hineingeben, in etwa 10 Minuten fast gar kochen und abtropfen lassen.

2 Butter zerlassen. Kohlviertel nebeneinander in eine gefettete Fettfangschale legen und damit beträufeln.

3 Für die Sauce Zwiebeln abziehen, fein würfeln, mit saurer Sahne, Petersilie und Salz und Pfeffer zu einer Sauce verrühren und über den Kohl geben. Kohl mit Käse bestreuen und die Fettfangschale in den Backofen schieben.

Ober/Unterhitze:
200–220 °C (vorgeheizt)
Heißluft: 180–200 °C (vorgeheizt)
Gas: etwa Stufe 4 (vorgeheizt)
Überbackzeit: etwa 15 Min.

Gefüllte Mangoldpäckchen auf Gemüse

Zubereitungszeit: 90 Min., ohne Einweichzeit

Pro Portion:
E: 7 g, F: 9 g, Kh: 33 g, kJ: 1009, kcal: 241

- **400 g Klebreis (Asia-Shop)**
- **500 ml (1/2 l) kaltes Wasser**
- **1/2 gestr. TL Salz**

- **4 Stauden Mangold (etwa 1 kg, kurzstielige Sorte, pro Staude etwa 10 Blätter)**
- **4 dicke Möhren (etwa 450 g)**
- **2 Dosen Bambussprossen in Streifen (Abtropfgewicht je 220 g)**
- **2 Dosen Sojabohnenkeimlinge (Abtropfgewicht je 220 g)**
- **150 g Shiitake-Pilze**
- **120 g Butter oder Margarine**
- **50 g Mango-Chutney**
- **Sojasauce**
- **süße Chilisauce**

- **Bastfäden oder Küchengarn zum Binden der Päckchen**

1 Klebreis in Wasser etwa 60 Minuten einweichen und mit dem Einweichwasser und Salz anschließend 15 Minuten kochen, bis ein Brei entsteht. Den Brei in eine flache Form geben und erkalten lassen.

2 Mangoldstauden putzen, mehrmals waschen, abtropfen lassen und die Stiele in Streifen schneiden. Die Blätter in Salzwasser etwa 2 Minuten blanchieren und mit Küchenpapier trockentupfen.

3 Möhren putzen, schälen, waschen und in feine Streifen schneiden. Bambussprossen und Sojabohnenkeimlinge auf einem Sieb abtropfen lassen, dabei den Sud auffangen und 100 ml abmessen. Shiitake-Pilze putzen und in Scheiben schneiden.

4 Butter oder Margarine erhitzen, alle Gemüsezutaten außer den Mangoldblättern darin andünsten, mit dem abgemessenen Sud ablöschen und mit Mango-Chutney, Sojasauce und Chilisauce kräftig würzen. Zutaten in eine gefettete Fettfangschale oder eine große Auflaufform füllen.

5 Mangoldblätter ausbreiten, auf jedes Blatt 1 Esslöffel Klebreis geben, zusammenfalten und mit Bast oder Küchengarn verschnüren. Die Päckchen auf das Gemüse setzen und die Fettfangschale ohne Rost, die Auflaufform auf dem Rost in den Backofen schieben.

Ober-/Unterhitze: etwa 180 °C (vorgeheizt)
Heißluft: etwa 160 °C (vorgeheizt)
Gas: Stufe 2–3 (vorgeheizt)
Garzeit: etwa 15 Min.

Gratinierte Kartoffelscheiben auf Tomatenragout

Zubereitungszeit: 120 Min.

Pro Portion:
E: 20 g, F: 20 g, Kh: 38 g,
kJ: 1814, kcal: 433

- **2,4 kg fest kochende Kartoffeln**

Für das Tomatenragout:

- **2 kg Fleischtomaten**
- **2 Bund Frühlingszwiebeln**
- **2 Bund Majoran**
- **5 EL Olivenöl**
- **Salz**
- **frisch gemahlener schwarzer Pfeffer**

Zum Bestreuen:

- **600 g geriebener Emmentaler Käse**

1 Kartoffeln waschen, schälen, abspülen, in nicht zu dünne Scheiben schneiden und in Salzwasser etwa 5 Minuten kochen lassen. Anschließend gut abtropfen lassen.

2 Für das Tomatenragout Tomaten waschen, abtropfen lassen, kreuzweise einschneiden und kurz in kochendes Wasser legen. Tomaten in kaltem Wasser abschrecken, enthäuten, Stängelansätze entfernen, Tomaten vierteln, Kerne entfernen und Tomatenviertel halbieren.

3 Frühlingszwiebeln putzen, waschen, abtropfen lassen und in dünne Ringe schneiden. Majoran abspülen, trockentupfen und die Blättchen von den Stängeln zupfen.

4 Öl in einem weiten Topf oder einer großen Pfanne erhitzen, Frühlingszwiebelringe und Tomatenstücke darin andünsten, mit Salz und Pfeffer würzen und mit Majoranblättchen mischen.

5 Tomatengemüse in eine gefettete Fettfangschale geben, Kartoffelscheiben dachziegelartig darauf schichten und die Fettfangschale in den Backofen schieben.

Ober-/Unterhitze:
etwa 180 °C (vorgeheizt)
Heißluft: etwa 160 °C
(nicht vorgeheizt)
Gas: Stufe 2–3 (nicht vorgeheizt)
Backzeit: etwa 40 Min.

6 Anschließend Kartoffeln mit Käse bestreuen, nochmals in den Backofen schieben und noch einige Minuten überbacken.

Gemischtes, gedünstetes Kohlgemüse

Zubereitungszeit: 100 Min.

Pro Portion:
E: 13 g, F: 23 g, Kh: 15 g, kJ: 1378, kcal: 329

- **1 Blumenkohl (etwa 1 kg)**
- **2 Broccoli (je etwa 500 g)**
- **2 Kohlrabi (je etwa 400 g)**
- **800 g Rosenkohl**
- **1 kleiner Wirsing (etwa 700 g)**
- **Salz**
- **frisch gemahlener Pfeffer**
- **geriebene Muskatnuss**
- **200 g Butter oder Margarine**
- **200 g gehackte Erdnusskerne**
- **100 g Semmelbrösel**

1 Vom Blumenkohl und Broccoli die Blätter und evtl. schlechten Stellen entfernen, vom Blumenkohl den Strunk abschneiden, beide Kohlsorten waschen und in Röschen teilen. Kohlrabi schälen, zunächst in Scheiben, dann in Stifte schneiden.

2 Rosenkohl von den schlechten äußeren Blättern befreien, etwas vom Strunk abschneiden, die Röschen am Strunk kreuzweise einschneiden und waschen. Vom Wirsing die groben äußeren Blätter lösen, Wirsing vierteln, Strunk herausschneiden, Wirsing abspülen und grob würfeln.

3 Die Kohlgemüse getrennt voneinander in Salzwasser in einigen Minuten bissfest kochen, anschließend abtropfen lassen.

4 Die Gemüsesorten auf ein gefettetes, mit Backpapier belegtes Backblech legen und mit Salz, Pfeffer und Muskatnuss würzen.

5 Butter oder Margarine erhitzen, Erdnusskerne und Semmelbrösel darin leicht anrösten und auf dem Gemüse verteilen. Das Backblech in den Backofen schieben.

Ober-/Unterhitze:
etwa 180 °C (vorgeheizt)
Heißluft: etwa 160 °C (vorgeheizt)
Gas: Stufe 2–3 (vorgeheizt)
Garzeit: etwa 20 Min.

Tipp:
Dazu passt eine holländische Sauce und gebratene Rosmarinkartoffeln.

Gefüllte Zwiebeln

Zubereitungszeit: 120 Min.

Pro Portion:
E: 10 g, F: 8 g, Kh: 47 g,
kJ: 1293, kcal: 309

- **12 Gemüsezwiebeln (etwa 2,4 kg)**

Für die Füllung:

- **7 Brötchen vom Vortag**
- **300 ml Milch**
- **3 Eier (Größe M)**
- **30 g Speisestärke**
- **1 Pck. TK-Kräuter der Provence**
- **Salz**
- **frisch gemahlener Pfeffer**
- **geriebene Muskatnuss**

- **1,2 kg fest kochende Kartoffeln**
- **4 Knoblauchzehen**
- **4 EL Speiseöl**
- **500 ml Gemüsebrühe**
- **1 Bund Thymian**

1 Zwiebeln abziehen, waagerecht durchschneiden und in kochendem Wasser etwa 5 Minuten vorgaren. Anschließend herausnehmen und erkalten lassen.

2 Für die Füllung Brötchen würfeln, mit erwärmter Milch übergießen und etwa 10 Minuten einweichen. Eingeweichte Brötchen mit Eiern und Speisestärke verrühren, mit Kräutern der Provence, Salz, Pfeffer und Muskat würzen und gut durchkneten.

3 Zwiebelinneres herausnehmen, so dass noch drei Wandungen erhalten bleiben. Herausgenommenes Zwiebelfleisch klein schneiden. Ausgehöhlte Zwiebeln mit der Brotmischung füllen.

4 Kartoffeln waschen, schälen, abspülen und würfeln. Knoblauch abziehen und fein würfeln. Öl erhitzen, Kartoffelwürfel, klein geschnittenes Zwiebelfleisch und Knoblauch darin anbraten und in einer Fettfangschale oder einer großen Auflaufform verteilen. Die gefüllten Zwiebeln darauf setzen, mit Gemüsebrühe angießen und die Fettfangschale ohne Rost, die Auflaufform auf dem Rost in den Backofen schieben.

Ober-/Unterhitze:
etwa 180 °C (vorgeheizt)
Heißluft: etwa 160 °C
(nicht vorgeheizt)
Gas: Stufe 2–3 (nicht vorgeheizt)
Garzeit: etwa 60 Min.

5 Nach etwa 20 Minuten Garzeit die abgespülten, trockengetupften Thymianzweige dazugeben, mit Salz und Pfeffer würzen und weitere 40 Minuten schmoren lassen.

6 Die gefüllten Zwiebeln zum Servieren mit einigen Thymianblättern garnieren.

Kartoffelauflauf aus der Normandie

Zubereitungszeit: 120 Min.

Pro Portion:
E: 8 g, F: 32 g, Kh: 38 g,
kJ: 2067, kcal: 493

- **1,2 kg fest kochende Kartoffeln**
- **6 Äpfel (Cox Orange oder Granny Smith)**
- **250 g Honigkuchen (Frühstückskuchen)**
- **Salz**
- **frisch gemahlener Pfeffer**
- **200 g Butter**
- **1 Becher (150 g) Crème fraîche**
- **400 ml Schlagsahne**
- **4 Eier (Größe M)**
- **80 g Semmelbrösel**

1 Kartoffeln waschen, schälen und abspülen. Äpfel schälen, vierteln und entkernen. Kartoffeln und Äpfel in dünne Scheiben schneiden oder hobeln. Honigkuchen in Würfel schneiden oder zerbröseln.

2 Kartoffeln, Äpfel und Honigkuchen in eine Schüssel geben, gut vermischen und mit Salz und Pfeffer würzen.

3 Eine große Auflaufform mit etwas von der Butter einfetten und die Kartoffelmischung einfüllen.

4 Crème fraîche mit Sahne und Eiern verrühren und mit Salz und Pfeffer würzen. Die Masse gleichmäßig auf der Kartoffelmischung verteilen und mit Semmelbröseln bestreuen.

5 Restliche Butter auflösen, darüber träufeln und die Form auf dem Rost in den Backofen schieben.

Ober-/Unterhitze:
etwa 180 °C (vorgeheizt)
Heißluft: etwa 160 °C
(nicht vorgeheizt)
Gas: Stufe 2–3 (nicht vorgeheizt)
Backzeit: etwa 80 Min.

Tipp:
Dazu gemischten Salat servieren.

Mallorquinischer Schmortopf

Zubereitungszeit: 120 Min.

Pro Portion:
E: 4 g, F: 25 g, Kh: 19 g,
kJ: 1404, kcal: 335

- **12 fest kochende Kartoffeln (etwa 1 kg)**
- **7 mittelgroße Zucchini (etwa 800 g)**
- **7 mittelgroße rote Paprikaschoten (etwa 800 g)**
- **2 Gemüsezwiebeln (etwa 300 g)**
- **6 Knoblauchzehen**
- **7 große Fleischtomaten (etwa 800 g)**
- **je 1 Bund Basilikum, Oregano, glatte Petersilie**
- **300 ml Olivenöl**
- **Salz**
- **frisch gemahlener Pfeffer**

1 Kartoffeln und Zucchini gründlich waschen. Kartoffeln schälen, abspülen und in Scheiben hobeln. Von den Zucchini die Enden abschneiden und Zucchini ebenfalls in Scheiben schneiden. Paprika halbieren, entstielen, entkernen, die weißen Scheidewände entfernen, Schoten waschen und anschließend in grobe Stücke schneiden.

2 Zwiebeln und Knoblauch abziehen. Die Zwiebeln achteln und in einzelne Schichten zerlegen. Knoblauch in feine Würfel schneiden. Fleischtomaten waschen, trockentupfen, vierteln, Stängelansätze entfernen und Tomaten in nicht zu dünne Scheiben schneiden. Alle Kräuter abspülen, trockentupfen, Blättchen von den Stängeln zupfen und grob hacken.

3 Alle Gemüse nacheinander in einer Pfanne in etwas Öl anbraten und anschließend dachziegelartig in der Reihenfolge Kartoffeln, Zucchini, Paprika, Zwiebeln und Tomatenscheiben in eine große Auflaufform schichten. Zwischen die einzelnen Schichten jeweils Salz, Pfeffer, Knoblauch und gehackte Kräuter streuen.

4 Das Gemüse mit dem restlichen Öl beträufeln und die Auflaufform auf dem Rost in den Backofen schieben.

Ober-/Unterhitze:
etwa 180 °C (vorgeheizt)
Heißluft: etwa 160 °C
(nicht vorgeheizt)
Gas: Stufe 2–3 (nicht vorgeheizt)
Garzeit: 40–50 Min.

Tipp:

Dazu ofenwarmes Weißbrot servieren.

Pikante Gemüsetorte

2 Stück
Zubereitungszeit: 120 Min.

Pro Portion:
E: 12 g, F: 26 g, Kh: 30 g,
kJ: 1798, kcal: 430

Für den Knetteig:

- **400 g Weizenmehl**
- **3 Eier (Größe M)**
- **Salz**
- **geriebene Muskatnuss**
- **1 TL Essig**
- **1 TL Wasser**
- **150 g Butter oder Margarine**

Für das Gemüse:

- **2 Möhren (etwa 250 g)**
- **2 Zucchini (etwa 250 g)**
- **4 Tomaten (etwa 250 g)**
- **etwas Broccoli (etwa 250 g)**
- **etwas Blumenkohl (etwa 250 g)**
- **200 g weiße Champignons**

Für den Guss:

- **400 ml Schlagsahne**
- **6 Eier (Größe M)**
- **Salz**
- **frisch gemahlener Pfeffer**
- **2 Pck. TK-Kräuter der Provence**

1 Für den Teig Mehl in eine Rührschüssel sieben. Eier, Salz, Muskat, Essig, Wasser und Butter oder Margarine hinzufügen. Die Zutaten mit Handrührgerät mit Knethaken zunächst kurz auf niedrigster, dann auf höchster Stufe gut durcharbeiten.

2 Anschließend auf einer bemehlten Arbeitsfläche zu einem glatten Teig verkneten, ihn in Folie wickeln und 30 Minuten ruhen lassen.

3 Für das Gemüse in der Zwischenzeit Möhren putzen, schälen und abspülen. Zucchini waschen, abtrocknen und die Enden abschneiden. Tomaten waschen, vierteln und Stängelansätze entfernen. Vom Broccoli die Blätter entfernen, Broccoli waschen und in Röschen teilen. Vom Blumenkohl Blätter und schlechte Stellen entfernen, Strunk abschneiden, Kohl waschen und in Röschen teilen. Champignons putzen und mit Küchenpapier abreiben. Alles in Scheiben schneiden. Möhren und Zucchini zusätzlich bissfest vorgaren.

4 Für den Guss Sahne und Eier verquirlen und mit Salz, Pfeffer und Kräutern der Provence würzen.

5 Den Teig halbieren, aus jeder Hälfte auf leicht bemehlter Arbeitsfläche eine Platte etwas größer als eine Springform (Ø 24 cm, gefettet) ausrollen und zwei Formen damit auslegen (evtl. nacheinander backen). Dabei den Teigrand als Rand an die Form drücken. Gegebenenfalls den Teig auf eine gleichmäßige Höhe abschneiden.

6 Das Gemüse so einschichten, dass man nach dem Backen je Torte 12 gleich große Stücke herausschneiden kann, das heißt 2 Stücke mit Möhren, 2 Stücke mit Zucchini, und so weiter.

7 Den Guss vorsichtig über das Gemüse gießen und die Formen auf dem Rost in den Backofen schieben.

Ober-/Unterhitze:
etwa 180 °C (vorgeheizt)
Heißluft: etwa 160 °C
(nicht vorgeheizt)
Gas: Stufe 2–3 (nicht vorgeheizt)
Backzeit: etwa 60 Min.

8 Nach dem Backen die Gemüsetorten lauwarm essen oder auf einem Rost in der Form erkalten lassen und nach Belieben mit Kräutern garnieren.

Paprika „Mexikanisch"

Zubereitungszeit: 100 Min.

Pro Portion:
E: 7 g, F: 19 g, Kh: 37 g,
kJ: 1459, kcal: 348

- **12 große grüne Paprikaschoten**
- **3 kleine Auberginen (750 g)**
- **5 Zwiebeln**
- **8–10 Knoblauchzehen**
- **200 ml Olivenöl**
- **360 g Arborio Reis (Rundkornreis)**
- **1 kg Tomaten**
- **1,2 l Gemüsebrühe**
- **Salz**
- **Chilipulver**
- **2 Bund Koriander**

Zum Bestreuen:

- **2 Bund glatte Petersilie**

1 Paprikaschoten waschen, abtrocknen, am Stielende einen Deckel abschneiden und mit Hilfe eines Löffels die Kerne und die weißen Scheidewände entfernen. Auberginen waschen, Stängelansätze abschneiden und die Auberginen in Würfel schneiden. Zwiebeln und Knoblauch abziehen und fein würfeln.

2 Öl in einem weiten Topf erhitzen. Die Auberginenwürfel darin von allen Seiten kräftig anbraten. Zwiebeln und Knoblauch hinzufügen und andünsten. Dann den Reis dazugeben und die Zwiebeln glasig dünsten.

3 Tomaten waschen, abtropfen lassen, halbieren und die Stängelansätze herausschneiden. Tomaten grob würfeln und zu der Reismischung geben. Mit 900 ml der Brühe auffüllen und alles 3–4 Minuten bei schwacher Hitze köcheln lassen. Dann etwa 5 Minuten bei ausgeschalteter Kochstelle ausquellen lassen. Die Reismasse mit Salz und Chilipulver würzen.

4 Koriander abspülen, trockentupfen, die Blättchen von den Stängeln zupfen, fein schneiden und unter die Reismasse mischen. Die Masse in die vorbereiteten Paprikaschoten füllen, die Schoten in eine gefettete Fettfangschale oder zwei gefettete Auflaufformen setzen und die restliche Füllung und restliche Brühe darum verteilen. Die Paprikadeckel wieder aufsetzen. Die Fettfangschale ohne Rost, die Formen auf dem Rost in den Backofen schieben.

Ober-/Unterhitze:
etwa 200 °C (vorgeheizt, unterste Einschubleiste)
Heißluft: etwa 180 °C (nicht vorgeheizt)
Gas: Stufe 3–4 (nicht vorgeheizt)
Garzeit: etwa 45 Min.

5 Petersilie abspülen, trockentupfen, die Blättchen von den Stängeln zupfen und fein schneiden. Die Paprikaschoten mit Petersilie bestreuen und nach Belieben mit etwas Garflüssigkeit servieren.

Fix fertig

Turboschnelle Gerichte, bei denen alle satt werden – und Sie sind spätestens nach 1½ Stunden aus der Küche.

Paprika-Blätterteig-Schnitten

Zubereitungszeit: 60 Min.

Pro Stück:
E: 3 g, F: 12 g, Kh: 14 g, kJ: 749, kcal: 179

- **2 Pck. (je 450 g, 4 rechteckige Scheiben) TK-Blätterteig**
- **je 2 rote, grüne und gelbe Paprikaschoten (etwa 700 g)**
- **4 Fleischtomaten (etwa 600 g)**
- **1 Zwiebel**
- **3 EL Olivenöl**
- **100 ml Gemüsebrühe**
- **je 1 Bund Thymian und Basilikum**
- **3 EL Tomatenmark**
- **Salz**
- **frisch gemahlener Pfeffer**
- **Knoblauchsalz**

1 Blätterteig nach Packungsanleitung auftauen lassen und die insgesamt 8 Scheiben in je drei gleich große Teile schneiden, so dass insgesamt 24 Teile entstehen (dabei das Messer sägend bewegen, nicht drücken).

2 Paprikaschoten halbieren, entstielen, entkernen, die weißen Scheidewände entfernen, Schoten waschen und würfeln.

3 Tomaten waschen, abtropfen lassen, kreuzweise einschneiden und kurz in kochendes Wasser legen. Tomaten in kaltem Wasser abschrecken, enthäuten, Stängelansätze entfernen und das Fruchtfleisch klein schneiden.

4 Zwiebel abziehen, würfeln, mit den Paprikastückchen in Öl andünsten und anschließend Brühe hinzugießen. Kräuter abspülen, trockentupfen, Blättchen von den Stielen zupfen und mit Tomatenmark und Tomatenstücken hinzufügen. Gemüse mit Salz, Pfeffer und Knoblauchsalz würzen.

5 Blätterteigplatten auf zwei Backbleche (30 x 40 cm, gefettet, mit Backpapier belegt) legen und das Paprikaragout darauf verteilen,

(Fortsetzung Seite 130)

dabei den Blätterteigrand frei lassen. Die Backbleche nacheinander (bei Heißluft zusammen) in den Backofen schieben.

Ober-/Unterhitze:
etwa 180 °C (vorgeheizt)
Heißluft: etwa 160 °C (vorgeheizt)
Gas: Stufe 2–3 (vorgeheizt)
Backzeit: etwa 20 Min.
pro Backblech

Tipp:
Die Paprika-Blätterteig-Schnitten können kalt oder warm gereicht werden.

Spinatklösse auf Tomaten-Salbei-Sauce

Zubereitungszeit: 60 Min., ohne Auftauzeit

Pro Portion:
E: 17 g, F: 16 g, Kh: 8 g, kJ: 1084, kcal: 259

Für die Spinatklöße:
- **900 g TK-Blattspinat**
- **500 g Ricotta**
- **200 g geriebener Parmesankäse**
- **3 Eier (Größe M)**
- **4 EL Weizenmehl**
- **3 EL Semmelbrösel**
- **Salz**
- **frisch gemahlener Pfeffer**
- **geriebene Muskatnuss**

Für die Sauce:
- **8 Fleischtomaten (etwa 1 kg)**
- **2 Bund Salbei**
- **3 EL Olivenöl**

Zum Garnieren:
- **einige Salbeiblätter**

1 Für die Spinatklöße den aufgetauten Blattspinat ausdrücken, grob hacken und mit Ricotta und Parmesan mischen. Eier, Mehl und Semmelbrösel unterrühren und die Spinatmasse kräftig mit Salz, Pfeffer und Muskat würzen. Die Masse etwa 45 Minuten kalt stellen und fest werden lassen.

2 Für die Sauce in der Zwischenzeit Tomaten waschen, abtropfen lassen, kreuzweise einschneiden und kurz in kochendes Wasser legen. Tomaten in kaltem Wasser abschrecken, enthäuten, Stängelansätze entfernen und das Fruchtfleisch klein schneiden.

3 Salbei abspülen, trockentupfen, Blätter von den Stielen zupfen und in Streifen schneiden.

4 Tomatenstücke in Olivenöl andünsten, Salbei hinzufügen und mit Salz und Pfeffer würzen.

5 Die Spinatmasse mit zwei Teelöffeln zu kleinen Klößchen formen, in siedendes Wasser geben und garen. Die Klößchen sind gar, wenn sie an der Oberfläche schwimmen.

6 Spinatklöße auf der Sauce anrichten und mit einigen Salbeiblättern garnieren.

Tipp:
Dazu Nudeln oder warmes Baguette servieren.

Tofuragout

Foto
Zubereitungszeit: 90 Min.

Pro Portion:
E: 8 g, F: 15 g, Kh: 11 g,
kJ: 914, kcal: 218

- **9 Knoblauchzehen**
- **6 Zwiebeln**
- **3 grüne Paprikaschoten**
- **3 rote Paprikaschoten**
- **600 g Zucchini**
- **900 g Auberginen**
- **1 kg Tomaten**
- **100 ml Olivenöl**
- **300 g Kräuteroliven**
- **750 g Tofu**
- **Salz, Pfeffer**
- **etwas Rosmarin**
- **gerebelter Thymian**
- **gerebelter Oregano**

1 Knoblauch und Zwiebeln abziehen und fein würfeln. Paprika halbieren, entstielen, entkernen, die weißen Scheidewände entfernen, Schoten waschen und in Würfel schneiden. Zucchini und Auberginen waschen, Stängel- und Blütenansätze abschneiden und das Gemüse grob würfeln. Tomaten waschen, Stängelansätze herausschneiden und Tomaten in grobe Würfel schneiden.

2 Zwei Drittel des Olivenöls in einem großen Topf erhitzen, zuerst Knoblauch, Zucchini, Auberginen und Zwiebeln anbraten, dann Tomaten, Paprika und Kräuteroliven hinzugeben.

3 Tofu abtropfen lassen und in Würfel schneiden. Restliches Öl in einer großen Pfanne erhitzen, die Tofuwürfel darin von allen Seiten gut anbraten, zum Gemüse geben und vorsichtig untermischen. Tofuragout mit Salz, Pfeffer, Rosmarin, Thymian und Oregano würzen und noch etwa 5 Minuten schmoren lassen.

Tipp:
Tofuragout mit frischen Basilikumblättchen bestreuen.
Mit Rosmarin-Kartoffeln oder Baguette servieren.

Gefüllte Kohlrabi

Zubereitungszeit: 90 Min.

Pro Portion:
E: 23 g, F: 30 g, Kh: 30 g,
kJ: 2086, kcal: 498

- **12 Kohlrabi (je etwa 200 g)**
- **750 ml (3/4 l) Gemüsebrühe**
- **150 g Grünkernschrot**
- **100 ml Schlagsahne**
- **300 g geriebener Emmentaler Käse**
- **3 EL Schnittlauchröllchen**
- **50 g Butter oder Margarine**

1 Von den Kohlrabi die Blätter entfernen, die schönsten davon beiseite legen. Knollen schälen, waschen und das Innere mit einem Kugelausstecher oder einem scharfen Teelöffel aushöhlen.

2 450 ml von der Gemüsebrühe in einem großen, flachen Topf zum Kochen bringen. Die augehöhlten Kohlrabi darin in 2 Portionen 5–10 Minuten vorgaren.

3 Inzwischen die restliche Gemüsebrühe zum Kochen bringen, Grünkernschrot hineinstreuen und bei geringer Hitze etwa 15 Minuten quellen lassen.

(Fortsetzung Seite 134)

4 Fünf Esslöffel der Sahne mit Emmentaler und Schnittlauchröllchen vermischen und unter die Grünkernmasse geben. Die Masse in die Kohlrabi füllen.

5 Die zurückgelassenen Kohlrabiblätter waschen, harte Stiele abschneiden und die Blätter klein schneiden.

6 Das ausgehöhlte Kohlrabifleisch evtl. etwas klein schneiden, mit den Kohlrabiblättern in der Butter oder Margarine andünsten und auf zwei weite Töpfe verteilen. Die Kohlrabiflüssigkeit angießen, die Kohlrabi darauf setzen und 15–20 Minuten zugedeckt dünsten lassen.

7 Die Kohlrabi aus der Sauce nehmen, in eine leicht gefettete Fettfangschale setzen und einige Minuten im Backofen übergrillen.

8 Die Sauce mit einem Pürierstab fein pürieren, restliche Sahne unterrühren, nochmals erhitzen und zu den Kohlrabi reichen.

Tomaten mit Champignonfüllung

Zubereitungszeit: 90 Min.

Pro Portion:
E: 4 g, F: 9 g, Kh: 7 g,
kJ: 545, kcal: 130

- **24 mittelgroße Tomaten**

Für die Füllung:

- **2 große Zwiebeln**
- **6 EL Speiseöl**
- **800 g Champignons**
- **1 EL Weizenmehl**
- **2 Eigelb (Größe M)**
- **2 EL gehackte Petersilie**
- **Salz**
- **frisch gemahlener Pfeffer**
- **4 EL zerbröseltes Weißbrot oder Semmelbrösel**
- **2 EL geriebener Parmesan**
- **einige Butterflöckchen**

1 Tomaten waschen, trockentupfen, einen Deckel abschneiden und das Innere aushöhlen. Die Tomaten auf Küchenpapier abtropfen lassen und mit der Öffnung nach oben in eine gefettete große Auflaufform setzen.

2 Für die Füllung Zwiebeln abziehen und fein würfeln. Öl erhitzen und Zwiebelwürfel darin glasig dünsten.

3 Champignons putzen und mit Küchenpapier abreiben. Champignons in dünne Scheiben schneiden, zu den Zwiebelwürfeln geben und etwa 5 Minuten mitdünsten lassen.

4 Mehl darüber stäuben, unterrühren und das Gemüse weiter dünsten lassen. Eigelb verrühren, mit Petersilie unter die Pilze rühren und mit Salz und Pfeffer würzen.

5 Die Pilzmasse in die ausgehöhlten Tomaten füllen und die Tomaten wieder in die Auflaufform stellen. Weißbrotbrösel mit Parmesan vermischen und über die Tomaten streuen. Butterflöckchen darauf setzen. Die Form auf dem Rost in den Backofen schieben.

Ober-/Unterhitze:
etwa 200 °C (vorgeheizt)
Heißluft: etwa 180 °C (vorgeheizt)
Gas: Stufe 3–4 (vorgeheizt)
Garzeit: etwa 30 Min.

Tipp:
Dazu Fladenbrot und Salat servieren.

Penne in Roquefortsahne

Foto
Zubereitungszeit: 50 Min.

Pro Portion:
E: 28 g, F: 67 g, Kh: 72 g,
kJ: 4407, kcal: 1053

- **600 g Roquefort-Käse**
- **1,5 l Schlagsahne**
- **Salz, weißer Pfeffer**
- **750 g Champignons**
- **150 g Butter**
- **1,2 kg Penne (Nudeln)**

1 Roquefort zerbröckeln, mit Sahne zum Kochen bringen, mit Salz und Pfeffer abschmecken und zu einer cremigen Sauce einkochen lassen.

2 Champignons putzen, evtl. abspülen, trockentupfen und in dünne Scheiben schneiden. Butter in einem großen Topf zerlassen, Pilze darin kurz andünsten, mit Salz und Pfeffer würzen und warm stellen.

3 Nudeln in kochendes Salzwasser geben, nach Packungsanleitung bissfest kochen, abtropfen lassen und zu den Champignons geben.

4 Roquefortsahne unterrühren, evtl. nochmals ganz kurz erhitzen und sofort servieren.

Tipp:
Dazu Salat servieren. Anstelle von Roquefort kann auch ein anderer Blauschimmelkäse verwendet werden.

Zucchini-Nudel-Auflauf

Zubereitungszeit: 80 Min.

Pro Portion:
E: 63 g, F: 63 g, Kh: 85 g,
kJ: 4695, kcal: 1122

- **1,2 kg grüne Bandnudeln**
- **2 Töpfe Basilikum**
- **600 g Gorgonzola**
- **600 ml Schlagsahne**
- **300 g gemahlene Haselnusskerne**
- **600 g Ricotta**
- **frisch gemahlener Pfeffer**
- **6 EL Weinbrand**
- **Salz**
- **gut 2 kg kleine Zucchini**
- **150 g Semmelbrösel**
- **100 g Butterflöckchen**

1 Nudeln in kochendem Salzwasser nach Packungsaufschrift bissfest kochen und abtropfen lassen.

2 Basilikumblätter abspülen, trockentupfen und in Streifen schneiden. Gorgonzola klein schneiden, mit Sahne, Haselnusskernen, Ricotta, Pfeffer und Weinbrand cremig rühren und mit Salz abschmecken.

3 Zucchini waschen, trockentupfen, Enden abschneiden und Zucchini grob raspeln.

4 In eine gefettete Fettfangschale oder zwei gefettete Auflaufformen jeweils ein Drittel der Nudeln, Zucchini, Basilikumstreifen und der Käsecreme schichten. Den Vorgang zweimal wiederholen.

5 Auflauf mit Semmelbröseln bestreuen und mit Butterflöckchen belegen. Die Fettfangschale ohne Rost, die Formen auf dem Rost in den Backofen schieben.

Ober-/Unterhitze:
etwa 200 °C (vorgeheizt)
Heißluft: etwa 180 °C
(nicht vorgeheizt)
Gas: Stufe 3–4 (nicht vorgeheizt)
Garzeit: etwa 50 Min.

Paprikagemüse in Orangensauce

Zubereitungszeit: 70 Min.

Pro Portion:
E: 2 g, F: 9 g, Kh: 28 g,
kJ: 1046, kcal: 250

- **3 Zwiebeln**
- **6 Knoblauchzehen**
- **100 ml Maiskeimöl**
- **1,2 l Orangensaft**
- **450 ml Portwein**
- **5 EL flüssiger Honig**
- **3 Döschen (je 0,2 g) Safran**
- **gerebelter Thymian**
- **Salz**
- **frisch gemahlener Pfeffer**
- **je 3 große gelbe, rote und grüne Paprikaschoten**
- **6 Orangen**
- **2 Bund Petersilie**

1 Zwiebeln und Knoblauch abziehen und in feine Würfel schneiden. Öl in einem großen Topf erhitzen, und Zwiebeln und Knoblauch darin andünsten.

2 Orangensaft, Portwein und Honig hinzufügen und den Sud bei starker Hitze um etwa die Hälfte einkochen lassen, dabei gelegentlich umrühren. Sud mit Safran, Thymian, Salz und Pfeffer würzen.

3 In der Zwischenzeit Paprikaschoten halbieren, entstielen, entkernen und die weißen Scheidewände entfernen. Die Schoten waschen und in etwa 2 x 2 cm große Stücke schneiden.

4 Orangen so schälen, dass die weiße Haut mit entfernt wird und die Orangen filetieren. Die Paprikastücke in den eingekochten Sud geben und 5–6 Minuten garen.

5 Petersilie abspülen, trockentupfen, die Blättchen von den Stängeln zupfen und fein hacken. Orangenfilets und Petersilie unter das Paprikagemüse heben und servieren.

Tipp:

Dazu passt sehr gut Basmatireis.

Blumenkohl-Curry

Zubereitungszeit: 90 Min.

Pro Portion:
E: 16 g, F: 21 g, Kh: 37 g, kJ: 1767, kcal: 421

- **3 Köpfe Blumenkohl (je etwa 900 g)**
- **6 Zwiebeln**
- **10–12 Knoblauchzehen**
- **120 g frischer Ingwer**
- **1,2 kg Kartoffeln**
- **3 Äpfel**
- **100 ml Maiskeimöl**
- **5 gestr. EL Currypulver**
- **75 g Weizenmehl**
- **900 ml Gemüsebrühe**
- **75 ml Zitronensaft**
- **3 gestr. EL Paprikapulver edelsüß**
- **3 gestr. EL Garam Masala (indische Gewürzmischung)**
- **Salz**
- **750 g Naturjoghurt**
- **6 rote Paprikaschoten**
- **200–250 g grüne Kürbiskerne ohne Schale**

1 Blätter und schlechte Stellen von den Blumenkohlköpfen entfernen und die Strünke abschneiden. Blumenkohl in kleine Röschen teilen, waschen und abtropfen lassen. Zwiebeln und Knoblauch abziehen und würfeln. Ingwer schälen und ebenfalls fein würfeln. Kartoffeln waschen, schälen, abspülen und in 2 x 2 cm große Würfel schneiden. Äpfel schälen, vierteln, entkernen und ebenfalls würfeln.

2 In einem großen Topf das Öl erhitzen und nach und nach Knoblauch, Zwiebeln und Ingwer mit Curry andünsten.

3 Mehl hinzufügen, anschwitzen, mit Gemüsebrühe auffüllen, mit einem Schneebesen verrühren und die Sauce aufkochen lassen.

4 Sauce auf zwei Töpfe verteilen und jeweils die Hälfte von den Kartoffeln, den Apfelwürfeln und dem Blumenkohl hinzugeben. Erneut aufkochen lassen, mit je der Hälfte von Zitronensaft, Paprika, Garam Masala und Salz würzen und je Topf die Hälfte des Joghurts hinzugeben. Alles zugedeckt etwa 30 Minuten bei schwacher Hitze garen, dabei ab und zu umrühren.

5 Paprika halbieren, entstielen, entkernen, die weißen Scheidewände entfernen, Schoten waschen und würfeln. Nach etwa 25 Minuten Garzeit je Topf die Hälfte der Paprikawürfel und Kürbiskerne hinzufügen und noch 5–10 Minuten mitgaren.

Tipp:
Servieren Sie dazu Reis.

Grüne Bandnudeln auf Tomaten-Paprika-Ragout

Zubereitungszeit: 60 Min.

Pro Portion:
E: 13 g, F: 7 g, Kh: 64 g,
kJ: 1635, kcal: 390

- **1 kg schmale grüne Bandnudeln**
- **4 rote Paprikaschoten (etwa 600 g)**
- **2 Bund Frühlingszwiebeln**
- **1 Dose geschälte Tomaten (Einwaage 800 g)**
- **4 EL Speiseöl**
- **330 g Ajwar (serbischer Paprikasalat)**
- **Salz**
- **frisch gemahlener Pfeffer**
- **etwas Zucker**
- **süße Chilisauce**

1 Grüne Nudeln in reichlich kochendem Wasser in etwa 12 Minuten bissfest garen. Anschließend auf einem Sieb abtropfen lassen.

2 Paprikaschoten halbieren, entstielen, entkernen, die weißen Scheidewände entfernen, Schoten waschen und in kleine Würfel schneiden.

3 Frühlingszwiebeln putzen und waschen, anschließend in kleine Stückchen oder Ringe schneiden. Etwas Tomatenflüssigkeit abgießen und Tomaten grob zerkleinern.

4 Öl in einem großen Topf erhitzen, zunächst Paprikawürfel darin anbraten, dann Frühlingszwiebeln hinzufügen und mitbraten lassen.

5 Tomaten und Ajwar hinzufügen, mit Salz, Pfeffer, Zucker und Chilisauce pikant würzen und unter gelegentlichem Umrühren noch etwa 10 Minuten dünsten.

Tipp:
Für dieses Gericht können auch andere Nudeln verwendet werden.

Gebratener Fenchel auf Möhren-Orangen-Salat

Zubereitungszeit: 60 Min.

Pro Portion:
E: 5 g, F: 20 g, Kh: 19 g,
kJ: 1201, kcal: 287

- **12 kleine Fenchelknollen (etwa 1,2 kg)**
- **10 dicke Möhren (etwa 1 kg)**
- **12 Saftorangen**
- **4 EL Speiseöl**
- **Salz**
- **frisch gemahlener Pfeffer**

Für das Dressing:

- **8 EL milder Apfelessig**
- **Salz**
- **frisch gemahlener Pfeffer**
- **etwas Zucker**
- **150 ml Speiseöl**

Zum Bestreuen:

- **4 EL Pinienkerne**

1 Die Fenchelknollen putzen, waschen und achteln. Die Möhren putzen, schälen und abspülen.

2 Salzwasser zum Kochen bringen, Fenchel und Möhren darin etwa 8 Minuten kochen lassen, in kaltem Wasser abschrecken und gut abtropfen lassen.

3 Orangen mit Hilfe eines Messers schälen, so dass die weiße Haut vollständig entfernt ist, halbieren oder vierteln und in Scheiben schneiden. Möhren in feine Stifte oder ebenfalls in Scheiben schneiden.

4 Öl in einer großen beschichteten Pfanne erhitzen, Fenchel leicht darin anbraten und mit Salz und Pfeffer würzen.

5 Für das Dressing Essig, Salz, Pfeffer und Zucker miteinander verrühren und Öl unterrühren. Möhren und Orangen darin einige Minuten marinieren und dann auf einer Platte anrichten.

6 Pinienkerne in einer Pfanne ohne Fett anrösten. Fenchelecken auf dem Möhren-Orangen-Salat verteilen und mit Pinienkernen bestreuen.

Tipp:
Der Salat kann auch mit anderen Zitrusfrüchten, z. B. Mandarinen und Grapefruits, zubereitet werden. Nach Belieben mit Minze- oder Melisseblättchen garnieren.

Lasagne-Gemüse-Röllchen

etwa 40 Stück
Zubereitungszeit: 80 Min.

Pro Stück:
E: 3 g, F: 4 g, Kh: 5 g,
kJ: 331, kcal: 79

- **etwa 40 Lasagneplatten (etwa 1 kg)**
- **4 Zucchini (etwa 800 g)**
- **2 Auberginen (etwa 800 g)**
- **Salz**
- **frisch gemahlener Pfeffer**
- **6 EL Speiseöl**
- **10 Fleischtomaten (etwa 1,2 kg)**
- **4 Knoblauchzehen**
- **2 Bund Basilikum**

- **etwa 40 Holzspieße**

- **nach Belieben geriebener Parmesankäse**

1 Lasagneplatten in reichlich Wasser in einigen Minuten etwas weich kochen und anschließend mit kaltem Wasser abschrecken.

2 Zucchini waschen, die Enden abschneiden. Auberginen waschen, Stängelansätze abschneiden und beide Gemüse in dünne Längsscheiben schneiden oder hobeln.

3 Gemüsescheiben mit Salz und Pfeffer bestreuen und in etwas von dem Öl leicht anbraten.

4 Fleischtomaten waschen, abtropfen lassen, kreuzweise einschneiden und kurz in kochendes Wasser legen. Tomaten in kaltem Wasser abschrecken, enthäuten, Stängelansätze entfernen und das Fruchtfleisch grob würfeln.

5 Knoblauchzehen abziehen und fein würfeln. Basilikum abspülen, trockentupfen, Blättchen von den Stängeln zupfen und klein schneiden.

6 Knoblauch und Tomatenwürfel in Öl andünsten, mit Salz, Pfeffer und Basilikum würzen und in einer gefetteten Fettfangschale verteilen.

7 Lasagneplatten ausbreiten, mit je einer Scheibe Zucchini und Aubergine belegen, mit Salz und Pfeffer würzen, aufrollen und mit je einem Holzspieß feststecken. Diese Röllchen auf die Tomaten setzen, nach Belieben mit etwas Parmesan bestreuen und die Fettfangschale in den Backofen schieben.

Ober-/Unterhitze:
etwa 180 °C (vorgeheizt)
Heißluft: etwa 160 °C (vorgeheizt)
Gas: Stufe 2–3 (vorgeheizt)
Garzeit: etwa 20 Min.

Tipp:

Dieses Gericht kann auch mit geriebenem Emmentaler Käse überbacken werden.
Zucchini und Auberginen lassen sich am besten mit einer Brotmaschine in Scheiben schneiden.
Schneller geht es, wenn anstelle von frischen Tomaten enthäutete Tomaten aus der Dose (1 Dose Einwaage 800 g und 1 Dose Einwaage 400 g) verwendet werden.

Der süsse Abschluss

Die Nascherei zum guten Schluss sollte man sich nicht entgehen lassen. Vor allem, wenn es sich um solche Köstlichkeiten handelt.

Orangen-Tiramisu

Zubereitungszeit: 60 Min., ohne Durchziehzeit

Pro Portion:
E: 8 g, F: 20 g, Kh: 37 g, kJ: 1729, kcal: 413

- **500 g Cantuccini (italienisches Mandelgebäck)**
- **125 ml (1/8 l) starker Kaffee**
- **8–10 Orangen**
- **125 ml (1/8 l) Cointreau**
- **40 g Puderzucker**
- **500 g Naturjoghurt**
- **500 g Vanillejoghurt**
- **500 ml (1/2 l) Schlagsahne**
- **etwas Kakaopulver zum Bestäuben**

1 Cantuccini in eine große, flache Auflaufform legen und mit Kaffee tränken.

2 Orangen schälen und filetieren. Filets in Stücke schneiden, auf den Cantuccini verteilen, mit Cointreau beträufeln, mit Puderzucker bestäuben und 1–2 Stunden durchziehen lassen.

3 Beide Joghurtsorten miteinander verrühren, Sahne steif schlagen und unterheben, die Joghurt-Sahne auf den Orangenfilets verteilen und das Tiramisu bis zum Servieren kalt stellen.

4 Vor dem Servieren das Tiramisu mit Kakaopulver bestäuben.

Tipp:
Bestreuen Sie die Joghurt-Sahne mit 1 Päckchen Finesse Orangenfrucht, bevor das Tiramisu kalt gestellt wird. Garnieren Sie die Oberfläche mit einigen Orangenzesten (Streifen).

Erdbeer-Pfirsich-Kaltschale

Foto
Zubereitungszeit: 40 Min., ohne Kühlzeit

Pro Portion:
E: 2 g, F: 1 g, Kh: 34 g, kJ: 824, kcal: 198

- **1,5 l Orangensaft**
- **600 ml Weißwein**
- **150 g Perl-Sago**
- **6 Pfirsiche**
- **1,5 kg Erdbeeren**
- **etwas Zucker**
- **1 Msp. gemahlener Zimt**

- **einige Zitronenmelisse-blättchen**

1 Orangensaft mit Weißwein aufkochen, Sago einrühren und 15–20 Minuten bei schwacher Hitze zugedeckt köcheln lassen.

2 Pfirsiche waschen, kurz in kochendes Wasser tauchen, in kaltem Wasser abschrecken, enthäuten, halbieren, Steine entfernen und das Fruchtfleisch in Würfel schneiden.

3 Erdbeeren putzen, waschen, abtropfen lassen, Stielansätze entfernen und große Früchte halbieren. Pfirsiche 5 Minuten, Erdbeeren 2 Minuten vor Ende der Kochzeit in die Sagoflüssigkeit geben.

4 Mit Zucker und Zimt abschmecken, erkalten lassen und in den Kühlschrank stellen.

5 Die Kaltschale gut gekühlt und mit Melisseblättchen bestreut servieren.

Tipp:
Anstelle von frischen Pfirsichen können auch Pfirsiche aus der Dose (1 Dose, Abtropfgewicht 500 g) verwendet werden. Pfirsiche dann erst nach den Erdbeeren in die Sagoflüssigkeit geben.
Für Kinder den Weißwein durch Apfelsaft ersetzen.

Rhabarber-Aprikosen-Auflauf

Zubereitungszeit: 90 Min.

Pro Portion:
E: 14 g, F: 18 g, Kh: 62 g, kJ: 2062, kcal: 492

Für den Teig:
- **400 g Weizenmehl**
- **1 Prise Salz**
- **1 Pck. Finesse Geriebene Zitronenschale**
- **4 EL Zucker**
- **2 Pck. Trockenhefe**
- **600 ml lauwarme Milch**
- **4 Eier (Größe M)**

- **1,8–2 kg Rhabarber**
- **2 EL Zucker**
- **2 Pck. Vanillin-Zucker**
- **3 Dosen Aprikosen (Abtropfgewicht je 240 g)**
- **300 g Marzipan-Rohmasse**
- **100 ml Aprikosensaft**
- **100 g abgezogene, gehackte Mandeln**

1 Für den Teig Mehl in eine Rührschüssel sieben und mit Trockenhefe sorgfältig vermischen, Salz, Zitronenschale, Zucker, Milch und Eier hinzugeben und alles mit einem Schneebesen zu einem flüssigen Teig verrühren. Teig zugedeckt etwa 30 Minuten an einem warmen Ort stehen lassen.

2 Rhabarber putzen und waschen, dickere Stangen längs durchschneiden, dann in längliche

(Fortsetzung Seite 152)

Stücke schneiden und in einer Fettfangschale (30 x 40 cm, gefettet) verteilen. Zucker und Vanillin-Zucker mischen und darüber streuen.

3 Aprikosen abtropfen lassen, Saft dabei auffangen. Marzipan fein würfeln und mit 100 ml von dem Aprikosensaft pürieren.

4 Hefeteig nochmals durchrühren, Rhabarber damit begießen. Aprikosenhälften mit der Wölbung nach unten in den Teig setzen. Marzipancreme als kleine Häufchen in die Aprikosen setzen und zwischen den Früchten auf dem Teig verteilen. Mandeln darüber streuen. Die Fettfangschale in den Backofen schieben.

Ober-/Unterhitze:
etwa 200 °C (vorgeheizt)
Heißluft: etwa 180 °C
(nicht vorgeheizt)
Gas: Stufe 3–4 (nicht vorgeheizt)
Backzeit: 35–40 Min.

Schoko-Nougat-Hütchen

Zubereitungszeit: 45 Min., ohne Kühlzeit

Pro Portion:
E: 5 g, F: 17 g, Kh: 32 g, kJ: 1268, kcal: 303

Für die Schokoladencreme:
- **2 Pck. Pudding-Pulver Schokoladen-Geschmack**
- **200 ml Schlagsahne**
- **500 ml (1/2 l) Milch**
- **1 EL Zucker**
- **200 g Nuss-Nougat**

- **eine Muffinform für 12 Muffins**

- **12 feine große belgische Butterwaffeln**

Zum Bestreichen:
- **100 g Nuss-Nougat**

Zum Verzieren:
- **je 50 g weiße und dunkle Kuchenglasur oder weiße und Halbbitter-Kuvertüre**

1 Für die Schokoladencreme Pudding nach Packungsanleitung, aber mit den hier angegebenen Mengen Schlagsahne, Milch und Zucker zubereiten. Bevor das angerührte Pudding-Pulver in die kochende Sahne-Milch eingerührt wird, den Nuss-Nougat in Stücke schneiden und darin auflösen.

2 Die dicke Creme sofort auf eine mit kaltem Wasser ausgespülte Muffinform für 12 Muffins verteilen und etwa 4 Stunden kalt stellen.

3 Etwa 30 Minuten vor dem Servieren die gut erkalteten Creme-Hütchen vorsichtig einzeln mit der Hand am Rand lösen, stürzen und jeweils auf eine belgische Waffel setzen.

4 Zum Bestreichen Nuss-Nougat in kleine Stücke schneiden, in einem kleinen Topf im Wasserbad bei schwacher Hitze geschmeidig rühren und die Oberfläche der Hütchen damit einpinseln.

5 Zum Verzieren helle und dunkle Kuchenglasur oder Kuvertüre voneinander getrennt in einem kleinen Topf im Wasserbad bei schwacher Hitze geschmeidig rühren und mit einer Gabel in Längsrichtung der Waffel Streifen über die Hütchen ziehen. Oder aufgelöste Kuchenglasur oder Kuvertüre in ein Pergamentpapiertütchen füllen, eine kleine Ecke abschneiden und die Hütchen damit besprenkeln. Die Schoko-Nougat-Hütchen bis zum Servieren kalt stellen und bald servieren.

Erdbeer-Sekt-Dessert

Zubereitungszeit: 50 Min.

Pro Portion:
E: 3 g, F: 19 g, Kh: 25 g,
kJ: 1389, kcal: 332

- **1 Flasche (0,7 l) halbtrockener Sekt**
- **2 Pck. Gala Sahne-Pudding-Pulver**
- **6 EL Zucker**
- **750 g frische Erdbeeren**
- **2 EL Zucker**
- **500 g Mascarpone (italienischer Frischkäse)**

- **nach Belieben 12 Schokogebäckstäbchen**

1 Vom Sekt 100 ml abnehmen und damit beide Päckchen Pudding-Pulver und den Zucker anrühren. Restlichen Sekt zum Kochen bringen. Topf von der Kochstelle nehmen, das angerührte Pudding-Pulver hineingeben und unter Rühren nochmals aufkochen lassen.

2 Den Sektpudding sofort in eine Schüssel geben und mit Frischhaltefolie zudecken, damit sich keine Haut bildet. Den Pudding erkalten lassen.

3 Erdbeeren waschen, abtropfen lassen und entstielen. Ein Drittel der Erdbeeren mit Zucker pürieren, restliche Erdbeeren vierteln.

4 Erkalteten Pudding und Mascarpone mit Handrührgerät mit Rührbesen zu einer glatten Creme verrühren. Erdbeerpüree auf 12 Sektgläser verteilen. Gut die Hälfte der Sektcreme in einen Spritzbeutel mit großer Lochtülle füllen und vorsichtig auf das Erdbeerpüree spritzen.

5 Erdbeerviertel (12 zum Garnieren zurücklassen) auf die Creme in den Gläsern legen, restliche Sektcreme mit dem Spritzbeutel darauf verteilen und die Gläser bis zum Servieren kalt stellen.

6 Vor dem Servieren die Gläser mit den zurückgelassenen Erdbeervierteln und nach Belieben mit Schokogebäckstäbchen garnieren.

Tipp:
Noch raffinierter sieht das Dessert aus, wenn Sie vor dem Servieren mit einem Schaschlikstäbchen Erdbeerpüreestreifen von unten aus dem Glas am Rand nach oben durch die Creme ziehen.

Kapitelregister

Häppchen & Snacks

Aus der Suppenschüssel

Knackige Salatideen

Kapitelregister

Leckeres aus Topf & Pfanne

Fix fertig

Aus dem Backofen

Der süsse Abschluss

Alphabetisches Register

Alphabetisches Register

Umwelthinweis Dieses Buch und der Einband wurden auf chlorfrei gebleichtem Papier gedruckt. Die Einschrumpffolie – zum Schutz vor Verschmutzung – ist aus umweltfreundlichem und recyclingfähigem PE-Material.

Wenn Sie Anregungen, Vorschläge oder Fragen zu unseren Büchern haben, rufen Sie uns unter folgender Nummer an (0521) 1552580 oder 520651 oder schreiben Sie uns:
Dr. Oetker Verlag KG, Redaktion, Am Bach 11, 33602 Bielefeld

Redaktion Sabine Puppe

Fotos
Titelfotos Thomas Diercks, Hamburg

Innenfotos Ulli Hartmann, Bielefeld
Thomas Diercks, Hamburg
Norbert Toelle, Bielefeld
Brigitte Wegner, Bielefeld

Rezeptentwicklung und -beratung Gerhard Ruhle, Hamburg
Annette Elges, Bielefeld
Maren Jahnke, Hamburg
Ulrike Paechnatz, Bielefeld
Mechthild Plogmaker, Bielefeld

Grafisches Konzept Björn Carstensen, Hamburg
Gestaltung M·D·H Haselhorst, Bielefeld
Titelgestaltung Kontur Design GmbH, Bielefeld

Reproduktionen MOHN Media • Mohndruck GmbH, Gütersloh
Satz JUNFERMANN Druck & Service, Paderborn

Druck und Bindung MOHN Media • Mohndruck GmbH, Gütersloh

ISBN 3–7670–0495–X